내가 나 자신을 알 수 있을까? 모르겠다. 나로부터 벗어나 내가 누군가의 맑은 시선으로 보여야 겨우 나를 알 수 있겠지. 그래서 상담을 받고 멘토를 만나 질문을 하고 거울을 보면서 나를 찾는 것이겠지. 여기 살아 있음의 결정체인 갈등 그 자체의 인격(게다가 직업이 목사다)이 신앙과 교회와 인간과 세상을, 질문 많은 동생에게 친절하게(반말로)대꾸해 주고 있다. 크리스천 무늬의 동생은 엔간하면 주어진 환경에 순응하고 적응하면서(문제 일으키지 않으며) 살고 싶을 텐데, 점점 마음속 중심이 허락하지 않나 보다. 일요일 아침마다 느끼는'왜 교회 가야 하지?'의 얕은 의구심에 시원한 대답을 듣지 못한 지 좀 되었나 보다. 쯧쯧. 형은 어렵디 어려운 구원 이야기나 멋모르고 쓰고 있는 교회 사투리의 층위를 짚어 주지 않나, 게다가 조직으로서의 교회 안 어두운 속살을 드러내 진짜 교회가 무엇인지를 쓰라리게 알려 준다(유명한 목사였다면 이렇게 말하지 못했을 것이다). 그리고 예수님이 숨 쉬는 건강한 교회와 함께 평생 고민해야 할 빛의 길, 진리의 여정에 대해 살그머니 질문을 던져 주는데, 읽고 나면 해방감이 스르르 샘솟는다.

한명수 | 우아한형제들(배민) CCO

우리는 왜 사는가? 나는 누구이고 인생이란 무엇인가? 삶의 밑절미가 되는 질문인데도 마주하기보다 외면하는 물음이 있지요. 교회 밖 친구들과의 술자리에서 이런 말을 꺼내면 "거, 답도 없는 얘기 그만하고 여기 빈 술잔이나 채워"라는 핀잔을 듣습니다.

교회 안에서도 필수적이지만 지나치는 질문이 있습니다. 그것도 아주 많지요. 이 책의 목차에 나오듯 "하나님을 얼마나 더 사랑해야 충분해지는가"나 "교회를 잘 다녀도 행복하지 않으면 어쩌지"와 같은 신앙의 토대부터 "모범 교인은 야동은 안 보고 교회에 사는 사람인가"나 "내가 가장 아프고 슬픈데 누가 누굴 위로해"와 같은 실생활까지, 답변에 목마른 물음이 차고 넘치지만 명쾌한 대답을 건네 줄 사람은 거의 없는 것 같습니다. 감사하게도 이주헌 목사님의 「난 이런 이야기 처음 들어」는 형이나 오빠가 이야기하듯 조곤조곤 정감 있는 대화체로 이들 난제에 지혜로운 응답을 들려 줍니다. 초신자는 물론 교회 짬밥을 수십 년 드신 분까지 누가 읽어도 밑줄을 쫙쫙 그으며 감탄할 만한 책입니다. 특히 교회 생활이 버거운 이들, 목사를 받아들이기 힘든 이들, 참고 버티다가 결국 교회를 떠난 이들에게 추천합니다. 이 책의 마지막 페이지를 덮는 독자의 표정에 환한 새벽빛이 묻어날 겁니다.

박총 | 「욕쟁이 예수」, 「내 삶을 바꾼 한 구절」 저자

이 책을 읽는 동안 마치 오랜 친구와 깊이 있는 대화를 나누는 듯한 편안함을 느꼈습니다. 저자가 신앙 안에서 만난 사람들을 통해 겪은 고민과 질문들이 우리 마음속에 자리 잡고 있던 문제들과 놀랍도록 닮아 있습니다. 그래서 마치 내 이야기를 다루는 것과 같은 공감이 가득합니다. 책의 내용이 복잡하지 않고 쉽게 읽을 수 있지만, 다루는 주제는 결코 가볍지 않습니다. 신앙인이 삶에서 마주하게 되는 본질적인 문제들에 대한 명확하고도 깊은 통찰이 돋보입니다.

특히 저자의 글에는 목회자로서의 권위적 태도가 아닌, 성도로서의 시선이 담겨 있습니다. 성도의 삶을 진심으로 이해하고 공감하려는 저자의 마음이 독자에게 그대로 전달됩니다. 또한 그러한 시선에서 풀어 낸 문제들이 우리 생각과 고민을 깨끗하게 정리해 주는 느낌을 줍니다. 신앙의 길에서 만나는 수많은 의문에 답을 찾고자 하는 이들에게, 이 책은 그 답을 함께 고민하고 풀어 가는 과정에서 큰 위로와 깨달음을 줄 것입니다. 무엇보다도 저자의 경험과 함께 하나님의 말씀과 마음이 진솔하고 명확하게 담겨 있습니다. 그래서 이 책을 통해 신앙 가운데 불필요한 불안감을 해소하고 깊이 있게 성찰할 수 있는 기회를 얻게 될 것이라 확신합니다.

함병우 | 교육학 박사, 리더십 퍼실리테이터 대표

난 이런 이야기 처음 들어

(주)죠이북스는 그리스도를 대신한 사신으로
문서를 통한 지상 명령 성취와 하나님 나라 확장을 위해 노력합니다.

난 이런 이야기 처음 들어
© 2024 이주헌

이 책의 저작권은 저자와 (주)죠이북스에 있습니다. 신 저작권법에 의하여 한국 내에서 보호받는 저작물이므로 무단 전재와 무단 복제를 금합니다.

교회가 버거운 이들을 위한 따뜻한 위로

난 이런 이야기
처음 들어

이주헌 지음

죠이북스

차례

프롤로그   6

Thanks…   13

계속 도돌이표를 찍는
구원과 믿음

1 난 그렇게까지 죄인은 아닌 것 같은데……   17
2 도대체 난 구원을 언제 받는 거야?   29
3 구원은 내가 열심히 노력해서 얻어 내는 거였어?   41
4 하나님을 얼마나 더 사랑해야 충분해지는 거야?   51
5 인생은 결국 구원을 목표로 살아야 하는 거야?   63
6 교회를 다녀도 행복하지 않으면 어쩌란 거지?   73

반박할 수 없지만
무지 불편한 교회 관용구

7 "민족 통일, 세계 복음화, 다음 세대 부흥을 위해!"   87
8 "성경은 있는 그대로 믿어야 합니다!"   97
9 "기도, 돌파하고 파쇄하고 뛰어넘어라!"   107
10 "권위에 무조건 순종하라!"   117
11 "하나님이 모든 걸 하셨습니다!"   129
12 "다 잘될 겁니다! 뭐든지 할 수 있습니다!"   137

3부 거대 조직에 들어와서 알게 되는 비밀

13 교회 내부 승진 시스템으로 어디까지 올라갈 수 있어?   149
14 목사님이 내 안의 죄책감과 두려움을 이용하는 것 같은데……   159
15 스타 목사, 그분들의 말은 다 옳아?   167
16 사모님들은 왜 다 미인이야, 목사님들은 왜 그 길을 가신 거고?   177
17 모범 교인은 야동은 안 보고, 교회에 사는 사람인 거야?   187
18 안식일에 죽도록 교회 봉사하면, 진짜 안식이 아니잖아?   195

4부 교회와 가까워질수록 고민 많은 세상

19 교회에 헌신하면 취직도 잘되는 거 아니었나?   207
20 그리스도인은 정치를 어떻게 바라봐야 할까?   217
21 세상은 악하고, 교회는 선한 거야?   227
22 내가 가장 아프고 슬픈데, 누가 누굴 위로해?   237
23 세상의 문제들, 내 간장 종지에는 모두 담을 수 없는데……   245
24 교회는 정말 이 세상의 희망일까?   255

에필로그   264

프롤로그

가끔 아무것도 몰랐던 때로 돌아가고 싶다!

언젠가 지인과 이런 말을 한 적이 있다. "아, 순수하고 무작정 열심과 뜨거움이 넘치던 그 시절로 돌아가고 싶다!" 아마도 나와 같은 시대를 살아온 사람들이라면 이런 말을 한 번쯤은 해 보았을 법하다.

나는 '안모태' 출신이다. 신앙 배경이 전혀 없는 집안에서 태어나 내가 우리 집안 최초로 하나님을 만난 사람이 되었다. 심지어 부르심을 받아 신학교까지 갔다.

교회는 나에게 청소년 시절, 부족했던 사랑에 대한 결핍을 채워 주는 곳이었다. 어느 것 하나 잘하는 게 없던 나였는데, 교회는 수도 없이 칭찬과 인정을 해주었던 곳이다. 학급 회장은 고사하고 줄반장 하나도 하지 못하던 소극적인 나에게 '임원'을 맡겨 주고 한없는 축복을 해주었던 곳이다.

신학생이 되고 사역을 하면서도 늘 교회는 순수한 열심과 뜨거운 열정만 있으면 충분한 곳이라고 생각했다. 나는 그렇게 교회에 충실한 한 사람이 되어 갔다.

신학교에 들어간 해, 어느 날 어린 시절부터 가장 친했던 친구가 술을 마시자고 찾아왔다. 그런데 그 친구가 이렇게 말하는 게 아닌가. "내 소중한 친구를 교회에 빼앗긴 것만 같아!" 신학교에 입학한 후, 접점이 점점 희미해진 친구가 관계의 소홀함을 토로하는 말이었다. 나는 어쩔 수 없다는 표정을 지으며 어떤 분명한 대답도 하지 못했던 기억이 난다. 나는 교회에 충실한 사람이었기에…….

그러던 중 나는 한 가지 사건을 만나게 되었다.

나는 지금까지 무엇을 믿고 있었나?

모두가 기억하는 그 사고, 몹시 마음 아픈 그 사고, 세월호 사고가 일어났다. 불행한 사고였지만, 따지고 보면 매우 단순하게 일어난 사고였다. 욕심을 부려서 과적을 했고, 안전 점검이나 조치가 미흡해서 일어난 것이다. 그 과정에 이런저런 사회의 부정부패가 담겨 있는 사고였다. 그런데 그 사고를 다루는 방식은 가히 충격적이었다. 언론도 정치도! 그리고 내가 충실했던 교회마저도!

나는 그때 전라남도 영암에 있는 한 교회를 섬기고 있었다. 내가 속한 감리교회지방회(특정한 지역에 20-30개 감리교회를 모은 행정 조직)이 팽목항과 진도 체육관에서 자원봉사를 하게 되었다. 그곳에서 어쩔 줄 몰라 하는 한 분을 만나게 되었다. 유가족이었다. 어떤 도움을 드려야 할지 여쭤보니, 아이가 발견되어 목표 한 병원 영안실에 있다는데, 어떻게 가야 할지 모르겠다고 하셨다. 나는 그분을 태우고 목표 병원으로 이동했다. 진도 끝에서 목포까지 가는 동안 차 안은 숨죽여 울음을 꾹꾹 참는 소리로만 가득했다. 그분은 간혹 탄식처럼 "하나님, 감사합니다. 하나님, 그래도 감사합니다. 찾게 해주셔서 감사합니다"라고 말씀하셨다. 그 가운데서도 신앙인지 강박인지 모를 감사함의 절규를 들었다.

그때 나는 처음으로 '나는 지금까지 무엇을 믿고 있었나?'라는 질문이 들기 시작했다. 한 번 시작된 질문은 걷잡을 수 없었.

성경을 읽기 시작했다. 성경이 말하는 죄와 악이 단지 개인에게 국한되지 않음은 너무나 쉽게 알 수 있었다. 예수님이 말씀하신 '하나님 나라에 합당하지 않은 자'는 굶주린 백성이 아니라 지도자와 권력 집단이라는 것은 분명하게 알 수 있다.

내 신앙의 시간을 바친 한국 교회의 유행

그 사건 이후, 나는 '교회는 무엇인가?'라는 질문이 생기게 되었다. 역시 한 번 시작된 질문은 멈출 생각을 안 했다. 결국 교회를 견딜 수 없어서 교회를 나왔고, 그 답을 찾아보기 위해서 또 어쩔 수 없이 교회를 시작했다.

돌아보면, 한국 교회에는 끊임없는 유행이 있었다. '번영 신앙'과 '기도원 신앙', 이 끝에서 나는 예수님을 만났다. "예수 믿으면 다 잘된다." "헌금 많이 하면 더 많이 돌려받는다." "불로, 불로!" "주여, 주여!" 이 말들을 외쳤다. 성령 세례를 받으면 혀가 풀리며 방언이 나오고, 기도하면서 뭔가 보이는 듯, 뭔가 들리는 듯이 하는 게 신앙생활을 잘하는 것이라고 생각했다. 이것이 내 중고등학교 때의 신앙이다.

그다음 한국 교회에는 '대형 교회 운동' 유행이 찾아왔다. '번영 신앙'과 '기도원 신앙'에서 보이는 카리스마 넘치는 목사와 불합리한 교회 운영이 아닌, 건강함과 세련됨을 전면에 내세운 목회이다. 교회별로 '우리의 특별함'을 내세우며 본격적으로 교회 밖 사람들을 전도하는 것이 아니라 교회 안 사람들을 목표로 마케팅하는 교회가 시작된 것이다.

대형 교회 운동은 세미나 목회라고도 표현할 수 있는데, 각 교회가 수평 이동 교인을 사로잡는 방법을 세미나로 만들기 시작했고, 많은 목사와 교회는 그 '건강함'과 '세련됨'으로 교회를 대형 교회로 키우고자 하는 모습이 보였다. 새가족 교육, 단기 선교, 제자 훈련 학교, 각종 세미나 등등 이름을 붙여 가며 열심히 했고, 성도는 타인을 만났을 때, 다니는 교회를 내세워 자신을 소개하기도 했다. "저는 ○○ 교회에 다녀요!" "저는 ○○ 교회에서 XX

훈련을 받았고요! 아, 저는 교회 지체들과 단기 선교도 갔다 왔어요!" 이런 말이 가득해졌다. 그리고 내가 목회했던 모든 시간도 여기에 속한다.

이러한 대형 교회 운동은 그 기본이 다른 교회에 다니는 성도를 전도하는 것이 목표였기 때문에 더 자극적인 내용으로 뒤덮이기 시작했다. 어느 순간 한국 교회에는 '마지막 때'와 '음모론, 극우 정치 운동, 세대주의' 유행이 휘몰아쳤다. 숨겨져 있던 이념화된 한국 교회의 신앙이 선명하게 드러났다.

이 시간이 지나고 나니, 나도 수없는 유행을 지난 사람이라는 생각이 들었고, 지금 이 유행들을 정리하고 추적해 보고 싶은 마음이 들었다.

우리가 해야 할 질문

우리는 한 가지 질문을 해 보아야 한다. '대형 교회 운동'은 한국 교회를 어떻게 만들었는가? 코로나 시기를 지나면서 한국 교회는 '비상식' 집단의 대표가 되었다. 코로나 직후 한 설문에 따르면 한국 교회 신뢰도는 18.1퍼센트였다. 기독교의 대표적인 이미지로 꼽은 것은 '물질적인', '이기적인', '위선적인', '배타적인'이라는 단어가 핵심적이었다. 영화와 드라마, 문화에서 교회를 다루는 방식은 이중적인 삶을 살아가는 이들의 대표가 되었다.

젊은 20대 교인 수는 점차 줄어들고 있다. 이는 30대, 40대도 다르지 않다. 다른 질문은 필요 없다. 지금 한국 교회에 열심을 내는 분의 자녀는 교회에 출석하고 있는가? 신학교에 간 목사와 장로 자녀를 제외하고 말이다.

번영 신앙, 기도원 신앙, 대형 교회 운동 모두 공과 과가 있다. 하지만 어떤 공이 있다고 하여도 지금은 과가 모든 것을 집어삼킨 상황이다. 건강함과 세련됨으로 시작한 '대형 교회 운동', 그래서 대형 교회가 되고, 대형 교회가 되고자 목회하고, 대형 교회에서 분립한 교회가 곳곳에 세워지는데, 우리는 왜 점점 최악으로 치닫고 있을까?

교회에 포로된 자들이 해방되기를

내가 이 책을 쓴 이유는 대형 교회에 대한 선과 악을 판단하고자 함이 아니다. 대형 교회를 비판하고자 함도 아니다. 다만, 우리 모두 이 대형 교회 운동이라는 유행의 막바지에 있는 사람들이고, 그 결과가 지금이라는 뜻이다. 그렇다면 우리 신앙에, 우리 교회에 문제가 있는 건 확실한 게 아닌가?

번영시대가 끝나고 '영적 특별함'을 얻기 위해 달려온 우리 현실은, "신앙은 사사화되었고, 교회는 사유화되었다." "포용성과 다양성이 요구되는 사회에서 교회와 성도는 모두 고립되어 있다."

이 책을 쓰기까지, 쓰는 중에도 이러한 교회의 문제와 나의 고민은 계속되었다. 이것을 책에 풀어 내려고 애썼다.

이 책에서 말하는 교회는 성전된 한 사람으로서의 교회나 하나님이 만드신 우주적 교회는 아니다. 목사라는 한 사람에게 의존되어 있는 교회와 사람과 돈이라는 권력이 존재하는 조직으로서의 교회를 말한다. 성도의 삶을 인질 삼아 결국 교회를 성장시키고자 하는 잘못된 신앙의 교회이다. 그곳에서 성도가 해방될 수 있도록 돕고 싶다.

나와 함께 교회 생활을 했지만 교회를 떠난 친한 동생을 가정해서 글을 썼다. 그의 어처구니없는 질문에 사뭇 진지한 대답을 하는 방식을 택하여 교회의 속살을 보여 주는 쓰디쓴 이야기를 전하지만, 동생이 될 법한 수많은 독자에게 목사의 진심이 담긴 따뜻한 조언도 곁들였다.

하나님을 사랑하지만 교회를 떠날 수밖에 없었던 이들, 매주 교회에 나가지만 교회 생활이 숨 막히고 견디기 어려운 이들, 목사를 도무지 이해할 수 없는 이들이 이 책을 꼭 읽기를 바란다.

2024년 12월

이주헌

Thanks…

처음 목사가 되겠다고 말씀드렸을 때, 슬퍼 보였던 부모님의 모습이 아직도 떠오릅니다. 아들이 목사로서 지고 있는 큰 짐을 여전히 함께 짊어지고 살아가는 부모님에게 감사를 드립니다.

평생 목사로 살아 오시면서 '하나님 앞에 도저히 할 수 없는 것' 때문에 무명의 목사로 목회를 마치신 장인어른, 장모님에게도 존경과 감사를 드립니다.

사랑하는 아내 미소와 아들 해건이에게 누구보다 고맙고 미안한 마음을 전합니다.

부족한 목사를 잘 견뎌 주시는 모든 가족, 교회 성도에게도 감사의 마음을 보냅니다.

작은 지하 교회 목사의 설교와 이야기를 꼭 책으로 내서 세상에 알려야 한다고 용기를 주시고 추천사까지 써 주신 함병우 박사님에게, 고유한 삶과 다채로운 신앙을 보게 해주신 한명수 이사님에게, 기존의 틀을 깨고 나와서 무섭고 두려운 마음에 '이래도 되나?' 싶었을 때 글로 만나 안전한 울타리가 되어 주신 박총 수사님에게 감사를 드립니다. 그리고 무명의 작가에게 출판 기회를 준 죠이북스에게도 감사드립니다.

마지막으로 사역자로 살면서 만났던 모든 스승과 반면교사에게도 감사를 드립니다.

1부

계속 도돌이표를 찍는
구원과 믿음

형, 난 누군가에게 심각한 피해를 준 적도 없고,
나름 **모범적**으로 살았다고 생각하는데,
교회를 가면 자꾸만 **나보고 죄인이래!**
내 죄 때문에 예수님이 돌아가셨다는데,
내가 **한 사람을 죽게 할 만큼** 그렇게 큰 죄인인가?
이거 너무 과한 거 아니야?

> **1** 난 그렇게까지 죄인은 아닌 것 같은데……

우리가 교회 수련회에 가면, 늘 하던 게 있어. 종이에 생각나는 죄를 적는 거지. 난 '내가 무슨 죄를 지었을까?' 생각이 잘 나지 않아서 내 죄를 생각나게 해달라고 기도한 적도 있어. 그렇게 겨우 생각해 낸 죄를 종이에 적으면, 캠프파이어를 하면서 불에 태우거나 십자가 모양의 나무틀에 놓고 못을 박았지. 문제는 이런 프로그램을 매년 한다는 거야. 작년에 회개한 것 같은데, 올해 또 하고, 종이에 쓴 죄를 계속 반복하는 거지.

전도사 시절 나는, 이것을 심각하게 생각하게 된 계기가 있어. 지금까지도 생생한 기억으로 남는 두 명의 청소년과의 만남이었지. 한 아이는 얼굴에서 빛이 났어. 마치 천사처럼 생겼었지. 말도 참 잘 듣고, 제자 훈련을 하면 예습, 복습을 완벽하게 해오는 아이였어. 제자 훈련을 인도하다 보면, 훈련받는 사람이 그간 꽁꽁 숨겨 둔 죄를 고백하는 것을 내심 기대하거든. 그렇게만 된다면 대박인 거지! 나도 자연스레 그 아이에게 그런 걸 기대했나 봐. 중학교 2학년인 아이한테 말이야! 그런데 그 아이가 무척이나 심각하게 "전도사님, 저는 엄마에게 거짓말한 것 외에는 딱히 다른 죄가 생각나지 않아요"라고 말하는 게 아니겠어? 이 말을 듣는 순간, 그 아이는 관심 학생 리스트에 올랐어. 결국 아이를 남게 했지. 그리고 취조를 시작했어. 결국 그 아이는 눈물을 그렁그렁하면서 "저는 진짜 엄마에게 거짓말한 것밖에 생각이 안 나요"라고 말하는 거야. 거친 청소년기를 지나온 나는 충격에 휩싸였지. 다시 이 아이와 진지하게 대화해 보았는데, 자기는 교회에서 "우리가 모두 죄인입니다!"라는 말을 들을 때, 속으로 '나는 그렇게 심각한 죄를 짓지 않았는데, 죄인은 아닌 것 같은데'라고 생각했다는 거야.

또 한 명의 아이는 공부를 아주 잘했어. 그런데 자기가 가고 싶었던 고등학교 입시에 실패하고 말았지. 크게 좌절하고 나와 상담을 했어. 이 아이를 괴롭힌 진짜 문제는 자기보다 공부를 못하던 친구가 자기가 원하던 그 고등학교에 간 거였어. 이 아이에게도 "넌 네가 죄인이라는 사실을 받아들일 수 있니?"라고 물었더니 이 아이는 곰곰이 생각에 잠기더라고. 그러고는 "전 그렇게까지 죄인은 아닌 것 같은데요?"라고 대답했어. 절묘한 대답이라 또 질문했지. 그 아이는 자신도 죄를 지었기 때문에 죄인이라고 할 수 있지만, 자기 친구 ○○이는 진짜 나쁜 놈이라고 했어. 난 한참을 웃었지. 결국 "나는 죄인이지만, 그 애보다는 나은 죄인이다"라는 말이잖아.

이 세상에 죄의 대가로 한 사람을 대신 죽여야 할 만큼의 죄인이 얼마나 될까? 심지어 대신 죽는 그 사람이 '신'이라면 말이야. 그만큼 어마어마한 죄를 지은 사람이 있을까? 단순하지만 우리는 이 간단한 질문조차 하지 않고 그냥 넘어가지. 너의 혼란스러움도 여기에 있지 않을까 해.

그럼, 성경에 처음으로 죄가 등장하는 장면을 떠올려 보자. 아담과 하와가 선악을 알게 하는 나무 열매를 먹는 장면이 죄의 시작이야. 그런데 여기에서 꼭 이런 생각을 하는 사람들이 있어. '선악과가 왜 하필 거기에 있었지? 하나님은 취향이 참 독특하시다.' 그런데 이런 생각을 하기 전에 우리가 관심을 가져야 할 것은 하나님이 아담과 하와랑 맺은 계약이야. 그 계약은 하나님이 아담과 하와에게 모든 것을 허락하시고, 단 한 가지를 금하신 계약이지. 동산 중앙에 있는 선악을 알게 하는 나무 열매를 먹지 말라고 하신 것. 그 열매를 먹으면 죽게 된다고 하셨어.

그런데 그때, 유혹이 시작돼. 뱀은 하와에게 "하나님이 진짜로 먹지 말라고 했어?"라고 물어봐. 이건 "하나님이 먹지 말라고 한 의도를 너희가 알고 있니?"라는 의미야. 그러자, "죽을 수도 있다고 했어"라며, 하와는 하나님의 의도에 대해 의심하는 마음을 드러내게 돼. 이 말을 들은 뱀은 단언하지. "넌 결코 죽지 않을 거야." 그러면서 죄의 본질을 이야기해. "이 선악을 알게 하는 나무 열매를 먹으면, 엄청난 지혜를 얻어서 너도 하나님이 될 수 있어!" 뱀이 아담과 하와에게 한 유혹은 "왜 바보같이 하나님을 믿어? 너희가 하나님이 되면 되잖아!"라는 유혹이었어.

하와가 선악을 알게 하는 나무 열매를 다시 보니까, 먹음직도 하고, 보암직도 하고, 지혜롭게 할 만큼 탐스럽기도 했어. 그러다 그만 죄를 범하고 말지. 그 죄는 바로 '스스로 하나님이 되고 싶은 죄'야.

성경은 이 이야기를 통해서 인간이 겪고 있는 문제에 대한 답을 말해 줘. 즉 인간의 삶이 왜 이리 고달프고 어려운지에 대한 답이야. 그건 바로 모든 인간은 자신을 하나님 삼아 살아가기 때문에 삶이 고달프다는 거야.

이제는 아담과 하와가 경쟁 관계가 되었어. 둘 중 하나가 하나님이 되어야 하는 싸움이 시작된 거지. '책임을 남에게 돌리는 일', '내 피를 흘리는 게 아니라 상대방에게 피를 흘리도록 하는 일'이었어. 아담과 하와는 숨었고, 상대방에게 책임을 돌리기 시작했어. 자, 생각해 봐. 내가 하나님인데 나는 실패할 수 없고, 실수할 리가 없잖아? 그러니 나에게 생긴 문제는 오롯이 다른 사람의 탓인 거지. 그들은 서로의 벗은 몸을 보고 수치심을 느꼈어. 나는 하나님과 같은 존재인데 이제는 나의 벗은 몸을 본 다른 이의 시선을 먼저 생각하는 아이러니한 자의식을 갖게 된 거야.

남자에게 내려진 죄의 결과는 '노력한 대로 거두지 못하는 삶'이야. 땀을 흘려도 가시덤불과 엉겅퀴를 얻는 삶이야. 모두가 스스로 하나님임을 증명하면서 살아야 하기 때문에 노력은 물거품 될 수밖에 없는 세상이 된 거지. 땅의 유한함을 사는 인간이 하나님과 같은 무한함을 갖기를 바라는 세상이 되어 버렸어.

여자에게 내려진 죄의 결과는 '남자에게 속하여 사는 삶'이야. 남성으로 상징되는 힘과 권력의 세상 질서 속에 속하여 산다는 것이지. 스스로 하나님이 되고자 살아가지만, 우리는 거대한 세상의 힘 속에 부속품처럼, 소모품처럼 살아가는 삶이 되어 버렸어. 그래야 누군가는 자신이 하나님임을 증명해 낼 수 있을 테니 말이야.

그 죄의 결과가 관계에서 드러나는 성경의 이야기가 있어. 가인과 아벨 이야기지. 내가 스스로 하나님이 되어야 하기 때문에, 우리는 타인을 지배하고 싶어 해. 죄의 본질이 스스로 하나님이 되는 것이라면, 그 죄의 발현은 '지배욕'이지. 가인이 드린 예배를 하나님이 받지 않으셨을 때 가인은 하나님이 받으실 예배를 다시 드리면 되는 거였어. 그런데 그는 하나님이 받으신 예배를 드린 '예배자'를 제거해 버리지. 나 외에 모든 타인을 경쟁에서 탈락시켜야 하는, 즉 '지배욕'으로 아벨을 바라보기 시작한 거야.

노아의 홍수 이야기도 생각해 보자.

> 노아의 때와 같이 인자의 임함도 그러하리라 홍수 전에 노아가 방주에 들어가던 날까지 사람들이 먹고 마시고 장가 들고 시집 가고 있으면서 홍수가 나서 그들을 다 멸하기까지 깨닫지 못하였으니 인자의 임함도 이와 같으리라(마 24:37-39).

그때 사람들이 '특별한 죄'를 지은 게 아니야. 그들은 밥 먹고, 마시고, 결혼하고, 그렇게 평범하게 살았을 뿐인데 하나님은 그것을 '죄'라고 말씀하셔. 먹고, 마시고, 결혼하는 게 어떻게 죄가 될 수 있을까? 그런데 죄의 본질을 이해하면 쉽게 알 수 있어.

나만 먹을 수 있는 음식, 우리만 먹을 수 있는 음식. 나만 마실 수 있는 음료, 우리만 마실 수 있는 음료. 더 높은 지배 위치로 가기 위한 결혼 등……. 모든 만남의 동기는 더 높은 지위를 얻고자 하는 그 '지배욕'이었고, 이건 바로 스스로 하나님이 되고자 하는 죄를 짓게 되는 거야.

바벨탑 사건은 죄의 절정이라고 볼 수 있어. 높은 곳까지 탑을 쌓아 올리면, 그 탑 꼭대기에 오르면 자신들도 얼마든지 하나님 없이도 살 수 있다고 생각한 거지. '나도 하나님이 되면 된다'라는 생각으로 거대한 탑을 쌓아 올린 거야. 그런데 하나님이 언어를 혼잡하게 하시고, 사람들에게 저마다 다른 언어를 주셨어. '바벨'이라는 단어에 '혼란스러움'이라는 뜻이 있어. 높음을 차지하고자 하는 인간에게 하나님은 '혼란'을 주신 거야. 높음을 차지하려고 헛발질하는 상황을 우리 주변에서도 흔하게 보잖아? 그 역시 '지배욕' 때문이지.

사도 바울은 로마서에서 죄의 본질을 "마음에 하나님 두기를 싫어하[는]"(롬 1:28) 것이라고 말해. 어쩌면 로마서의 내용이 지금 네 고민이기도 해. "율법을 다 지켰으면, 죄인이 아니지 않나?" "할례를 받았으니, '죄인'이 아니지 않나?" 이런 질문인 거지.

사도 바울은 죄의 본질인 '마음에 하나님 두기를 싫어하는 것'을 율법을 지키지 않는 것보다 앞에 두어야 한다고 말해. 그렇지 않으면, 마음에 하나님을 두기 싫어하면서 율법만 지킬 수 있기 때문이야. 예를 들면, 율법을 지키는 이유가 남을 정죄하기 위함일 수도 있고, 율법을 지키는 것으로 자신을 특별하게 여기고 우월하게 생각하는 선민의식으로 무장할 수도 있지. 또한 내가 율법을 지켰으니 하나님도 나에게 꼼짝하실 수 없다고까지 생각해! 그러다 심지어 "하나님, 까불면 나한테 죽어!"라는 망언을 퍼붓는 데까지 이를 수 있어.

이것은 사도 바울 본인의 문제이기도 했어. 어렸을 적부터 율법을 철저히 지킨 자신이 결국 율법을 어긴 사람을 죽이러 다녔으니, 이는 곧 율법을 '스스로 하나님이 되는 도구'로 삼았던 거지.

예수님은 왜 사람들이 죄인으로 여기는 창녀, 세리, 장애인, 정신병을 앓고 있는 사람과 친구가 되셨고, 오히려 사람들이 의롭다고 여기는 바리새인과 서기관, 사두개인에게는 쌍욕을 날리셨을까? 이 또한 죄의 본질은 '스스로 하나님이 되고자 하는 것'이고 그 죄는 지배욕으로 나타나기 때문이야. 율법을 지키는 것으로 사람을 지배하고, 자신만 지키는 율법 몇 가지로 재판하여 가난하고 약한 사람의 재산을 빼앗는 바리새인과 서기관, 사두개인이 죄인인 거지.

죄인이라고 손가락질받던 이들, 하나님에게 저주받았다고 생각하던 이들, 마을 밖으로 내쫓겨 살아야 했던 이들은 오히려 예수님의 친구가 되었어. 스스로를 버려진 자라고 생각했던 이들에게 예수님이 찾아가셔서 '나의 백성'이라고 칭하며 회복시켜 주셨지.

결국 '내가 죄인인가'를 판단할 때는 '내가 타인에 대해 어떤 생각을 가지고 있는가'를 생각해 봐야 해. 특별히 능력주의, 무한 경쟁 사회를 살아가는 이 세상에서는 더욱 그래. "너는 왜 열심히 살지?" "네가 거둔 성공에 대해서 어떻게 생각하며, 네 위치에 오르지 못한 사람을 어떻게 대하지?" "높은 곳을 차지한 사람에 대해서는 어떻게 생각해?" "가까운 사람과 '참 하나님 대결'을 할 때 너는 어떤 태도와 의도를 가지고 그 사람과 대화를 해?" 이런 것들이 중요한 질문이야. 사랑하는 연인이 원수가 되는 과정, 행복을 꿈꾸며 결혼을 했던 이들이 이혼을 하게 되는 과정도 결국 사람이 지니고 있는, '누가 유일한 하나님인가'를 가까운 관계 안에서 겨루기 때문에 발생하는 일이야.

율법을 지키는 것으로 스스로 우월하게 생각하고, 다른 이를 감시하고 정죄하고 경고하는 자신을 본다면, 이 세상에서 내가 얻은 것, 내가 차지한 것, 내가 가진 것에 대하여 어떻게 생각하는지 곰곰이 따져 봐야 해. 또한 자신에 대해서 어떻게 생각하는지도 중요해. 대부분의 사람은 자신을 썩 마음에 들어하지 않아. 혐오하기까지 해. 난 지금까지 자신을 마음에 쏙 들어 하는 사람을 별로 보지 못했어. 그것도 '나는 하나님이어야 하는데, 내 모습이나 사회적 위치나 이 세상에서 얻어 낸 결과로 볼 때 그렇지 못한 나'를 인지하기 때문이야. 하나님이라고 하기에는 한참 모자라 보이는 거지.

우리 마음이 부패하고, 우리 안에 지배하고자 하는 마음이 있기 때문에 당장 지금 생각이 날 만한 죄를 짓지 않았다고 해서 안심할 수는 없어. 우리는 하나님이 두려워서 죄를 안 짓는 게 아니야. 법에 따른 처벌과, CCTV, 언제든 누구나 신고할 수 있는 휴대전화 때문에 잘못을 저지르면 반드시 걸릴 거라는 생각 때문이야. 그리고 실망시키면 안 되는 관계가 있기 때문이지. 우리는 스스로가 하나님이 되고자 하기 때문에 상황과 조건, 그리고 용기만 주어지면 무슨 짓도 할 수 있는 존재임을 기억해야 해. 뉴스를 한번 봐. 권력을 좀 가졌다는 사람들이 하나님인 체하는 말이나 행동을 보면 힘만 가지면, 얼마든지 마음껏 죄를 짓고도 "나는 죄가 없다"고 충분히 말하고 다닐 수 있을 거야. 그런데 이건 누구도 예외가 아니라는 것을 기억해야 해.

또한 죄의 본질과 현상이 이렇다고 한다면 우리는 죄를 내 안에서만 찾으려고 하지 않을 거야. 이 세상에 우리가 당연하게 인식하는 '지배 체계'에 대해서도 불편함을 느끼고, 타인을 향한 혐오나, 갑질, 폭력에 대해서도 다른 마음이 생기겠지. 승자 독식 사회가 왜 경쟁력이 있는 사회 체계가 되는지에 대해서도 다른 관점을 갖게 될 거야. 승자 독식 사회가 인간 본성에 왜 어울리는지도 이해가 돼. 우리는 높은 곳을 차지하는 것을 좋아하고, 높은 곳에 오르는 건, 곧 내가 하나님과 같은 존재임을 증명해 낸 일이라고 생각하거든.

예수님이 광야에서 시험을 받으셨는데, 그 시험은 결국 한 가지였어. 예수님에게 "네가 하나님임을 스스로 증명하라!"는 것이었지. 그에 따른 보상을 해준다는 유혹이었어. 이게 우리가 살아가는 모습이야. 세상은 이렇게 말해. "보이지 않는 신 말고, 네가 스스로 하나님임을 증명해. 그러면 엄청난 보상이 너에게 주어질 거야. 모두가 너를 동경할 거야. 모두가 너를 바라볼 거야. 모두가 네 이야기에 관심을 가질 거야. 네가 올린 게시물에 엄청난 '조회수'와 '구독자'와 '좋아요'가 따라올 거야. 네가 가진 숫자가 바로 너지!"

죄인지 아닌지를 따질 때는, 우리가 풍부에 처하든지 비천에 처하든지, 성공과 실패한 원인을 나에게 돌리는지는 않는지, 그렇다고 남 탓과 책임 떠넘기기와 원망을 하는지, 즉 어떤 상황에서도 그리스도를 바라보고, 발견하는 삶인지 아닌지가 중요해. 이것에 대한 답을 준비하는 것이 '죄'에 관해서 더 정확하게 이해하는 거야. 어때? 왜 그토록 우리가 죄인일 수밖에 없는지 이해되니?

형, 나는 수련회 때는
구원받았다는 **기쁨**이 가득한데,
시간이 지나면
'과연 내가 구원받았는가?'
의심이 들어.
도통 확신이 생기질 않아.

교회에서는 **구원의 확신**이 중요하다고 하는데,
그럼 형편없이 살아도 **자기 확신**만 있으면
구원받은 거야?

2. 도대체 난 구원을 언제 받는 거야?

　역시, 또 수련회 이야기구나! 우리가 해마다 수련회를 많이 가긴 해. 수련회에는 뫼비우스의 띠 같은 공식이 있어. 수련회를 가기 전까지는 공부하고, 세상 일을 해내느라 기도와 말씀과는 거리가 먼 삶을 살다가 딱 수련회장에 가면 뜨겁게 기도하지. 매해 이걸 반복해. 수련회에서는 한 집단이 같은 방향으로 열기를 내뿜는 기쁨에 고취되어 당장이라도 선교를 나갈 것처럼 흥분하게 돼. 그런데 그때의 감정은 빨리 사그라들고 말아. 여기에서 문제는 구원을 그 어딘가에서 찾는다는 거야.

　우선, 구원이 무엇인가에 대한 이야기를 해 보도록 하자. 구원에는 '구조하다', '건져 내다', '다스리다'라는 뜻이 있어. 내가 구원을 받았다는 것은 '내가 구조를 받았다', '내가 건져졌다'라고 할 수 있지. 그리고 그 구조와 건짐을 예수님이 행하셨다는 게 우리의 신앙 고백이야.

문제는 구조를 받아서 우리가 어떤 땅으로 옮겨졌는지를 물어야 하는데, 안타깝게도 우리가 구조되었을 때, 죽은 채가 아닌 산 채로 되었기 때문에 다시 현실의 땅을 딛고 서게 돼. 우리 삶은 하나도 달라진 게 없고, 현실 문제도 그대로고, 열심히 일하지 않고는 굶어 죽는 삶을 살아갈 수밖에 없어.

그런데 사람들은 예수님을 구원자로 믿는 순간, 우리가 하나님의 심판대 앞에서 합격 또는 불합격 통보를 받는 것처럼 생각해. 그래서 수련회 때에는 합격 통보를 받아 심판대를 무사 통과하는 것 같은데, 다시 현실로 오면 그 심판대 앞에서 여전히 불합격인 것만 같은 생각이 드는 거야.

많은 사람이 '천국'에 대해 오해하고 있어. 마태는 자신의 공동체에 예수님 이야기를 전할 때, '하나님'이라는 단어를 사용하는 것을 꺼렸어. 그 이유는 그 공동체가 유대인들이 중심이 되어 모인 공동체였기 때문이야. 그래서 '하나님 나라'라는 표현보다 '하늘 나라'라고 표현했고, 그 말이 번역되면서 '천국'이 된 거지.

그런데 우리나라는 '천국'에 대한 이해가 이미 오래전부터 있었어. 유교와 샤머니즘이 뒤섞인 영화 <신과 함께>에 나오는, 그런 이해가 있었던 거지. 인간이 죽고 나면 어둡고 캄캄한 길을 걷거나, 강을 지나서 심판대 앞에 서는 거야. 그 심판대에서 염라대왕이 인간이 지은 죄에 따라 천국과 지옥으로 보내는 시스템 같은 것이지. 교회를 다니는 많은 사람이 구원에 대해서 이렇게 이해해. 지금은 알 수 없고, 내가 죽고 나서 하나님의 심판대 앞에서 천국과 지옥을 판결받는다고 생각해. 그래서 천국은 베드로 손을 붙잡고 가는 거라고 말하는 사람도 있어.

심각한 문제는 자신이 구원받았는지 못 받았는지를 모른다는 거야. 자신의 신앙 상태가 좋으면 '구원을 받을 것 같은 느낌적인 느낌'이 드는 것이고, 자신의 신앙 상태가 나쁘면 '구원을 못 받을 것 같은 정서적인 정서'가 드는 거지. 그래서 만들어 낸 말이 '구원의 확신'이야. 내가 구원의 확신을 가지고 살면 구원을 받을 것 같은 느낌적인 느낌에서 비로소 구원을 받을 것 같은 확신이 생긴다는 것이지.

다시 '구조와 건짐'으로 가 보자. 그러면 예수님이 어디에서 우리를 구조하시고, 어디에서 건지셨는가를 묻게 되겠지? 그것이 지난 번에 네가 물어본 '죄'의 내용이야. 예수님이 우리를 죄에서 구조하셨어. 죄가 '스스로 하나님이 되고자 하는 것'이라고 했잖아. 거기에서 나오는 '자기중심성', '자기 절대성', '자기 추구성'이 죄의 모습이고, 그 죄는 나 외에 다른 모든 관계에 '지배욕'으로 나타나는 거야. 이런 죄가 사회 구조와 정치로 나타나면서 악이 되어 가는 것이고! 우리가 딛고 있던 땅이 이 죄의 땅인데 거기에서 우리가 구조받았다는 거지. 구원받았다는 건, 내가 딛고 있는 땅의 통치자가 바뀌었다는 거야.

우리는 고대 근동이나 그리스 로마 지역에서 전쟁이 일어나는 방식을 이해할 필요가 있어. 전쟁이 모든 지역에서 일어나는 게 아니야. 전쟁이 펼쳐지는 전략 요충지가 있고 그 외의 지역들은 한쪽 편을 드는 거야. 그러니까 알렉산더 제왕이 지배했던 모든 땅에서 전쟁을 한 게 아니라 알렉산더 제왕이 더 큰 제국을 형성할 것 같으니 대부분의 땅에서는 이 땅의 지배자가 알렉산더 제왕이라고 깃발을 바꿔 다는 거야.

이런 모습이 성경에도 나와. 예수님이 예루살렘에 들어오실 때 사람들이 종려나무 가지를 흔들면서 예수님을 환영해. "호산나 다윗의 자손이여 찬송하리로다 주의 이름으로 오시는 이여"(마 21:9) 하면서 외치는 소리가 바로 이 정복자(지배자)를 환영하는 외침이지.

나는 이 그림이 구원을 이해하는 데 참 중요하다고 생각해. 우리는 현실의 땅에서 살아가고 있었어. 이 땅은 '죄가 왕 노릇'하는 땅이었지. 그런데 한 정복자가 자신의 나라를 세우셨어. 그 정복자가 '죄가 왕 노릇 하는 땅'까지 온 거야. 우리는 그 새로운 정복자가 다스리는 세상을 원하기에 성문을 활짝 열고 그 정복자를 받아들이는 거지. "정복자여, 어서 오셔서 우리를 통치해 주세요"라고 외치면서!

우리가 살아가야 할 현실의 땅은 변하지 않았어. 이전과 같이 밭을 갈아야 하고, 씨를 뿌려야 하고, 식물과 동물을 키워야 하고, 추수를 해야 하지. 우리가 해야 하는 일은 어제나 오늘이나 내일이나 같아. 다만, 통치자가 바뀐 것뿐이야. 통치자가 바뀌었기 때문에 법이 바뀐 것이고. 구원을 받았다는 건, 예수님이라는 분이 내가 딛고 있던 땅의 정복자(지배자)로 오시는 걸 내가 받아들였다는 거야. 내가 성주로 있는 이 성읍의 통치자가 예수님이라고 깃발을 올리는 거지. 요한복음에 나오는 '영접'이 이런 의미야(요 13:20 참조). 환영하며 받아들이는 것이지.

예수님은 "때가 찼고 하나님의 나라가 가까이 왔으니 회개하고 복음을 믿으라"(막 1:15)고 말씀하셨어. 때가 찼다는 것은 구약에 예언된 하나님의 때가 이르렀다는 뜻이고, 하나님의 나라가 이제 우리 성읍에 도달했다는 거야. 회개하고 이것을 받아들이라는 말씀인 거지.

우리가 교회에서 웅장한 북소리와 함께 부르던 찬양이 하나 있어. 너도 알 거야.

사막에 샘이 넘쳐흐르리라. 사막에 꽃이 피어 향내 내리라. 주님이 다스리는 그 나라가 되면은 사막이 꽃동산 되리. 사자들이 어린양과 뛰놀고 어린아이들과 함께 뒹구는 참사랑과 기쁨의 그 나라가 이제 속히 오리라.

> 사막에 숲이 우거지리라. 사막에 예쁜 새들 노래하리라. 주님이 다스리는 그 나라가 되면은 사막이 낙원 되리라. 독사 굴에 어린이가 손 넣고 장난쳐도 물지 않는 참사랑과 기쁨의 그 나라가 이제 속히 오리라.
>
> <사막의 샘이 넘쳐흐르리라>

우리는 이 찬양을 죽고 나서 가는 천국을 그리면서 불렀어. 그런데 이사야 11장 6-9절은 '그때'라는 말로 시작하는데, 마가복음 1장 14, 15절에 나오는 '때가 찼다'가 바로 이사야 말씀을 받은 거야. 예수님이 구약에 예언된, 바로 '그때'의 시작을 말씀하신 것이지. 예수님이 "하나님 나라가 이제 시작되었다"라고 말씀하신 거야. 유대인들이 왜 그토록 예수님에게 열광하고 기대했는지 알겠지? 유대인들은 예수님이 '제국 형태의 나라'를 세우실 것이라고 기대했기 때문이야. 하지만 예수님은 "주는 그리스도시요 살아 계신 하나님의 아들"(마 16:16)이라고 고백하는 사람들의 연합으로서 '하나님 나라'를 말씀하신 거야.

내가 구원받은 것은 그 하나님 나라가 나에게 이르렀다는 걸 고백하는 거야. 내가 살아가던 성읍의 통치자가 바뀌었음을 인정하는 거지. 무척 간단하지? 내가 살던 곳의 옛 통치자는 '죄'야. 죄는 스스로 하나님이 되도록 믿게 하는 거야. 내 마음대로 되어야 하고, 내 마음을 알아주길 바라고, 내 마음과 같기를 바라는 사람들이 바로 우리야. 내가 하나님과 같은 위치와 서열에 올라야 기쁘고, 그 위치와 서열을 상실하면 하나님일 수 없는 내 모습에 좌절하는 게 우리야. 하나님일 수 없는 것을 알면서도 하나님인 체하면서 살기 때문에 염려와 불안과 두려움을 안고 살아가지. 타인을 지배하고 싶기 때문에 시기심과 질투와 험담을 일삼고, 아주 작은 힘만 가지고도 지위와 서열이 다름을 알려주는 못된 습성이 우리에게 있어. 나의 하나님 됨을 지키기 위해서 비겁한 침묵을 하고, 무관심과 무정함으로 타인을 대하기도 하지.

그런데 그곳에 새로운 통치자가 오신 거야. 그분이 다스리는 땅에는 어떤 일이 일어나는가 하면, 바로 어린양과 사자들이 함께 뛰놀고, 독사 굴에 어린아이가 손을 넣어도 상하지 않아. 높은 산이 낮아져서 계곡을 메워 평탄해지고, 높음이 자신을 깎아내려 낮음을 메우는 그분의 통치 방식이 일어나는 거야. 그때가 되면, 하나님 나라에 이런 일이 일어나는 거지.

삭개오 알지? 삭개오는 키도 작고, 변변한 가문도 아니었어. 그가 자기 삶에서 스스로 하나님임을 입증하는 방법은 어떤 직업을 가져서라도 막대한 재산을 쌓는 거였어. 그래서 그는 세리가 되었고 사람들을 지배하고 착취해서 막대한 재산을 만들었어. 하지만 그는 그런 삶이 행복하지 않았어. 스스로 하나님이 되려 했지만 세리라는 직업을 벗어날 수도 없었고, 세리 위에는 더 하나님인 체하는 사람이 수도 없이 많았지. 자신이 가지고 살아가던 '믿음'에 대해 질문과 회의가 들기 시작할 때쯤, 예수님이 그 마을에 오셨어. 삭개오는 예수님을 받아들이고 싶었어. 뽕나무에 올라갈 만큼 그렇게 절실했지. 삭개오는 예수님을 영접하고 하나님 나라에 들어오게 되었어. 이제 삭개오는 예전과 같은 삶의 방식이 필요 없어졌지. 그래서 자신이 불의하게 얻은 재산을 가난한 사람에게 나눠 주었어. 하나님 나라에 들어온 삭개오는 높음이 낮아지는 일을 경험하게 된 거야.

네가 삶에서 하나님일 수 없는 자신을 발견하고, 예수님을 구원자로 받아들였다면 하나님이 너를 구원하신 거야. 이제 "나는 구원을 받았을까?"라는 질문은 더 이상 할 필요가 없어. 자신의 신앙 상태에 따라 결론을 내리지 말라는 거야. "내 믿음의 대상은 '나'에서 '예수님'으로 옮겨졌는가?" "내가 속한 현실의 삶에서 '내가 하나님이 되어야 하는 방향'이 아닌 '예수님, 곧 나의 통치자가 보여 주시고 말씀하신 방향'으로 살아가는가?" 이것이 더 중요한 질문이야.

> 나라가 임하시오며 뜻이 하늘에서 이루어진 것같이 땅에서도 이루어지이다(마 6:10).
> 그런즉 너희는 먼저 그의 나라와 그의 의를 구하라 그리하면 이 모든 것을 너희에게 더하시리라(마 6:33).

하나님 나라가 내 삶에 임하고, 그분의 뜻이 내가 사는 땅에 이루어지는 것이 무엇일까? 하나님 나라를 구하고 하나님의 뜻을 구하는 삶이 무엇일까? 이것이 훨씬 중요한 질문이야. 안타깝게도 여기에 나오는 하나님 나라, 하나님의 뜻을 모두 죽고 나서 가는 천국으로 바꾸고, 그 천국을 가기 위해서 현실의 땅에서 필요한 것은 오직 '구원의 확신'이라고 말하는 건 매우 심각한 오류지.

구원에 대하여 목마르고, 구원의 확신을 갖고 싶어 하는 그 마음은 이미 네가 구원받았다는 부인할 수 없는 증거야. 문제는 신앙의 목표를 '상태 유지'라고 생각하는 거야. 어떤 기분적인 기분, 느낌적인 느낌, 정서적인 정서를 유지하는 게 목적이 되어 버리는 거지. 그래서 구원의 확신이 있던 그때의 감정을 회복하려고 신앙생활을 하기도 하고. 그래서 불필요할 만큼 감정적이고 충동적이고 열광적인 모습으로 예배드리는 것을 이상적인 신앙생활처럼 생각하게 돼.

구원의 확신은, 진짜 뜨거운 예배는, 열정적인 신앙의 모습은 내가 속한 나라가 바뀌었음을 믿고, 이전과 다른 믿음, 이전과 다른 삶의 방향, 이전과 다른 삶의 방식으로 살아가는 거야. 별 볼일 없는 내가 가진 것 중에 높음을 잘라 내어 낮음을 메우는 일이 있을 때 놀라워해야 해. '내가 하나님 나라에 속해 있구나' 하면서! 내가 사자 같은 위치에 있을 때에는 어린양 같은 위치에 있는 사람에게까지 낮아지고, 내가 어린양 같은 위치에 있을 때에는 사자 같은 위치에 있는 사람에게까지 당당해지는 일이 일어날 때, '내가 하나님 나라를 살아가고 있구나' 하고 느끼게 돼. 그리고 억울한 자, 낮은 자들의 이야기에 귀를 기울여 주고, 그들의 편을 들어주는 것으로 내 안에 예수님의 통치가 시작되었다는 것을 알게 되는 거지.

이단과 문제 있는 교회는 '엄격한 구원관'을 가지고 있어. 구원이 엄격해지면 구원을 얻기 위해서 신앙생활을 하고, 불확실한 구원으로 인해 자신의 삶은 망가지게 되지. 현실의 삶을 부정하거나 모든 걸 그 집단에 바치기도 해.

우리는 불완전하고, 불확실한 존재이며, 상황과 조건에 따라 연약해질 수밖에 없는 존재야. 다짐한 대로 살지도 못하고, 가장 가까운 이에게 마음에도 없는 말을 던지기도 하는 존재야. 유한하기에 불안할 수밖에 없는 거지. 죄와 악이 가득한 세상에서 어떤 사고와 어떤 상실이 있을지 모르는 매우 불안정한 상태로 살아가고 있어. 그렇기 때문에 구원의 엄격성을 말하면 사람은 그 하나의 안정감을 위해서 목매게 돼.

그런데 잘 생각해 봐. 하나님이 독생자를 이 땅에 보내시는 것으로, 엄청난 대가를 치르셨는데 그 구원이 그렇게 작고 사소한 것일까? 오히려 구원의 엄격성을 말하면서 '하나님 나라의 삶'을 살지 않는 모습이 근래 한국 교회의 심각한 문제라고 생각해. 또한 구원은 개인 문제지만, 하나님 나라의 삶은 개인을 벗어난 문제이기에 '구원의 확신'은 이 믿음을 개인 문제로 국한시키고자 하는 또 다른 형태의 타락이라고 생각해.

구원의 확신을 가지려 하지 말고, 하나님 나라의 삶을 살아가도록 해. 믿음이 강해지는 것이 목표가 아니라, 이 세상과 다른 믿음으로 살아가는 것이 목표가 되어야 해. 믿음의 대상이 '나'에서 '예수님'으로 옮겨 갔는지를 물어 가면서 말이야. 나를 증명해 내기 위한 삶이 아닌, 예수님의 증인이 되기 위한 삶이 무엇인지를 고민하는 게 더 마땅한 일이야. 네가 구원을 못 받을 정도면 대체 누가 구원을 받겠니?

형, 얼마 전에 이런 말씀을 읽었어!
"두렵고 떨림으로 **구원을 이루라!**"
"나더러 **주여 주여** 하는 자마다 다 천국에 들어갈 것이 아니요."
"……**실과**로 나무를 아느니라."
이거 모두 **구원을 내 노력으로** 얻어 내야 한다는 거 아니야?

3

구원은 내가 열심히 노력해서 얻어 내는 거였어?

　기독교 신앙을 받아들이는 것의 가장 기본은 '하나님이 우리에게 먼저 다가오셨다'는 거야. 이것을 장로교에서는 "견인의 은혜"라고 말하고, 감리교에서는 "선행적 은혜"라고 말하지. 단어는 다르지만 모두 같은 의미야. 하나님이 먼저 우리를 사랑하셨다는 뜻이지. 이것을 나는 복음서의 관점으로 "하나님이 우리를 하나님 나라에 초청해 주셨다!"라고 표현하고 싶어.

　이 기준을 잘 기억해 둬. 그렇다면, 문제를 하나 낼게. 베드로는 다음 중 언제 구원받았을까?

　1. 예수님이 그물을 버리고 나를 따라오라고 말씀하셨을 때

2. 풍랑이 이는 바다에서 풍랑을 잠잠케 하시는 예수님을 보며, '그가 누구이시기에 파도와 바람이 잔잔해지는가?'라고 생각했을 때
3. 다시 한 번 풍랑이 이는 바다에서 '그는 하나님의 아들이로소이다' 하며 물 위를 걷게 되었을 때
4. 빌립보 가이샤라에서 "주는 그리스도시요, 살아 계신 하나님의 아들입니다!"라고 고백했을 때
5. 예수님을 세 번 부인했을 때
6. 부활하신 주님을 만나서, "시몬아 네가 나를 사랑하느냐?"라는 질문을 들었을 때
7. 오순절에 성령을 받고, 수많은 유대인 앞에서 나사렛 예수가 우리 임금과 구주가 되셨다고 설교했을 때
8. 그가 순교했을 때

여덟 가지 중 언제일까? 고민할 필요도 없는 문제인데, 베드로는 가장 첫 번째인, '예수님이 그물을 버리고 나를 따라오라고 말씀하셨을 때' 구원받은 거야. 예수님으로 인해 하나님 나라로 초청된 거지. 하나님 나라를 '천국'이라는 개념으로만 생각하면 오해가 생길 수밖에 없어. 하나님 나라는 예수 그리스도의 초청으로 우리에게 도래한 곳이야.

기본적으로 우리가 이런 고민을 하는 이유는 우리 삶에 큰 괴리

가 있기 때문이지. 우리는 이 초청이 나에게 임했다고 생각하는 순간, 놀라운 감격에 빠지게 돼. 그리고 구원을 받은 큰 감격이 일어나지. 그런데 그에 비해 우리 삶은 그다지 극적으로 변화되지는 않아. 우리는 여전히 현실을 살아가기 때문이지.

이 세상을 살아가면서 욕심과 강한 죄성이 우리 안에 여전히 있어. 예수님을 마음에 모시고 동행하며 살아가는 그 성화의 과정은 고귀한 삶처럼 보이는데, 내 삶에는 옹졸함과 인색함과 비루함과 비천함과 추함이 가득하지. 이 격차를 안고 살아가는 거야.

또한 예수님을 모셨지만, 나는 여전히 이 세상의 기준과 목표를 따라가기에는 한없이 부족하다는 생각이 들게 돼. 삶에는 예상치 못한 사고도 일어나고, 한 번도 생각하지 못한 고난과 아픔도 경험해야 해. 내가 가장 사랑하는 이들에게 큰 문제가 일어나도 아무것도 하지 못한 채 나의 무기력과 무능함만 확인해야 하는 순간도 있지.

이 구원의 감격과 성화의 고귀함은 저 높은 곳에 있고, 나의 모습은 그저 바닥인 줄 알았는데, 알고 보니 그보다 낮은 지하실에 있는 것을 깨닫게 되지. 이런 괴리, 격차, 차이 때문에 늘 구원이 혼란스러운 거야.

나는 "두렵고 떨림으로 너희 구원을 이루라"는 빌립보서 2장 12절 말씀을 몇몇 설교자가 악용했다고 말하고 싶어. 이런 설교가 참 많지. "여러분 구원을 얻어 내야 합니다!" "여러분 구원받았다고 착각하지 말아요! 구원받은 거 아닙니다!" "여러분, 그 사람이 진짜 구원받았다고 생각해요?" "여러분, 진짜 구원을 받았는지 점검해야 합니다." 이런 말을 하는 사람들이 애정하는 말씀이 바로 이 말씀이지. 여기에서 등장한 '이루다'는 헬라어로 '카텔가조마이'(κατεργάζομαι)야. 사도 바울이 서신서에서 자주 사용한 단어인데 이 단어는 '이루다'라는 말로 번역되기도 하지만, '수행하다', '하다'라는 뜻도 있어.

"두렵고 떨림으로 구원을 수행하라." "두렵고 떨림으로 구원을 행하라." 이렇게 말하면 조금 다른 의미로 다가오지? NIV성경을 비롯한 대부분의 영어 성경에는 '이루다'를 '워크아웃'(workout)이라고 번역했어(continue to workout your salvation with fear and trembling[NIV]). 이 '워크아웃'은 언제 많이 쓸까? 운동하러 갈 때 많이 쓰지. 일회성이 아니라 몸을 만들 때, 다이어트를 할 때, 운동선수가 컨디션 관리를 할 때 쓰는 말이야. 목표를 두고 지속적으로 훈련을 할 때 쓰는 말이야.

나는 요즘 운동하면서 몸짱을 목표로 하고 있어. 그런데 '키다리형'이라는 유튜버를 보는데 보는 거 자체가 너무 괴로워. 그 운동 유튜버의 고귀함과 내 몸의 비천함을 모두 보게 되니까. 1년을 꾸준히 했는데 드라마틱하게 몸이 변하지는 않더라고. 그럼에도 내가 몸짱이 되는 유일한 방법은 무엇일까? 그냥 '워크아웃'하러 헬스장에 가는 거야. 운동 유튜버의 고귀함과 내 몸의 비천함을 인정하는 거야. 그러면서 또 계속 운동하는 거지.

키다리형이 말하기를 자기가 들어 본 가장 황당한 말은 운동을 막 시작한 사람들이 "저는 몸이 너무 커지지 않았으면 좋겠어요. 근육이 너무 큰 사람은 별로예요"라는 말이래. 운동 초보자들이 이런 말을 하는 걸 들으면 너무 심란하다는 거야. 왜냐하면 몸은 절대 금방 커지지 않기 때문이야. 근육은 생각보다 쉽게 생기지 않아. 3년을 주 3일 이상 꾸준히 해야 운동한 몸이 되는데, 그런 고민하지 말고 그냥 헬스장에 가기나 하래.

빌립보서에서 사도 바울은 자신을 '달음질하는 운동선수'로 설명하잖아? 똑같은 거야. 헬스장에 등록했으면 운동을 다니면 돼. 구원의 길에 초청받았으면 구원받은 자로 살아가면 돼. 구원을 수행하면 되는 거야.

하나님은 나와 너에게 단 한 번도 불완전한 구원을 주신 적이 없어. 완전한 것을 주셨기 때문에 우리는 그 길 위에, 그 생명 안에, 그 진리 곁에 있으면 완성돼 가는 거야. 성화의 고귀함과 그렇지 못한 나의 비천함을 모두 인정할 때 우리는 완성되어 가. 이 고귀함과 비천함의 괴리를 메우는 일은 우리가 그냥 인정한 채로, 워크아웃하면 돼.

삶의 대부분을 차지하는 중요한 일은 단순한 것과 하기 어려운 것을 지속해 내는 거야. 그런데 우리는 단순한 것도 싫어하고, 하기 어려운 걸 지속하는 건 더 회피하고 싶어 하지. 그래서 회피 말고 특별한 뭔가, 특별한 누군가, 특별한 방법이 있을 거라고 생각하고 싶어 해. 이게 구원이라는 문제에 적용되면, 어떤 설교자가 정의하는, 좁고 협소한 구원에 자주 갇히거나 그 설교자가 말하는 'To-Do List'에 따라 구원을 이해하게 되는 거야.

우리는 초대된 하나님 나라의 백성으로서 구원받은 삶을 수행하는 거야. 자격 없는 우리를 초청하신 예수 그리스도의 신실함과 한결같으심과 인자하심 속에서 매일 그리스도의 복음에 합당한 삶을 행하는 거지. 원수였던 나, 연약한 나, 죄인이었던 나에게 찾아오셔서 자기 사랑을 확정하신 예수님처럼 우리를 비워 성령을 채우는 삶을 워크아웃하는 거야.

'두렵고 떨림'은 구약에서 말하는 하나님 앞에 선 사람의 특징이지. "여호와를 경외함으로 섬기고 떨며 즐거워할지어다"(시 2:11). 코람데오, 하나님 앞에 선 단독자로서, 하나님 앞에 존재하는 사람으로서, 하나님과 동행하는 사람으로서 우리는 워크아웃하는 거야.

빌립보서 1장은 '그리스도 복음에 합당한 삶'이 무엇인지에 대한 설명이야. 그리고 이 말씀이 구원의 탈락 여부, 구원을 받았나 못 받았나, 천국에 갈 수 있나 없나를 묻는 게 아니라는 것은 2장 13절을 보면 쉽게 알 수 있어.

너희 안에서 행하시는 이는 하나님이시니 자기의 기쁘신 뜻을 위하여 너희에게 소원을 두고 행하게 하시나니.

구원은 끝에 가서야 알 수 있다고 하면, 우리 안에서 행하시는 하나님은 뭐야? 어느 지점에 도달해야 우리가 구원을 받을 수 있는지 없는지를 알 수 있다고 하면, 우리 안에 행하시는 분이 하나님일 수 있을까? 하나님의 선한 의지를 우리 안에 소원으로 두시고, 우리 소원이 하나님의 선한 의지와 만나게 하셔서 행하시는 하나님은 어떻게 설명할 수 있지?

구원에 대한 관심으로만 시선이 쏠리면 어떤 문제가 생기는지 알아? 구원받은 자로서의 삶은 삭제돼. 언제인지도 모를, 죽어서야 비로소 확인이 가능한 구원의 문제라면, 우리는 구원받은 자가 이 현실의 삶을 어떻게 살아가야 하는지에 대하여 눈과 귀를 닫아버리게 돼.

마태복음 말씀인 "나더러 주여 주여 하는 자마다 다 천국에 들어갈 것이 아니요"(마 7:21), 그리고 "열매로 그들을 알지니"(마 7:16)라는 말씀도 자주 악용되는 말씀이지. 이 말씀의 결론이 무엇인지 알고 있니? 첫 번째는 좋은 열매를 맺으라(workout)이고, 두 번째는 아버지 뜻대로 행하는 자여야 한다(workout)야. 모두 구원을 수행하라는 의미이고, 구원받은 자로서 살아가라는 말씀이지.

두 번째로 살펴야 하는 것은 이 말씀은 일반 성도를 향하여 하신 말씀이 아니라는 거야. 거짓 선지자, 예수님의 가르침과 비교

대상이 되었던 서기관과 바리새인, 그 시대의 지도자들을 향하여 하신 말씀이야. 이것이 우리를 이끄는 사람을 분별할 때 삼아야 할 기준이야. 물론 그 말씀을 각자에게도 대입시켜 볼 수 있지. 그러나 이 말씀은 예수님이 분명한 대상을 정해 놓고 하신 말씀이야. 너무 역설이지? 교회에서는 그 말씀의 대상이 되는 지도자가 성도를 향하여 이 말씀으로 구원의 가부 여부, 구원의 탈락 여부를 정해 주는 말씀처럼 사용하는 모습이니까 말이야.

어느 재벌 회장이 너를 식사에 초대했어. 그런데 네가 '그 회장은 비싼 거를 먹겠지? 아…… 나더러 음식 값을 다 내라고 하면 어떡하지? 난 그럴 능력이 없어. 난 못 가. 애초에 이 초대 자체가 잘못된 거야.' 이러면서 그 초대에 합당하게 재벌 정도의 회사를 차리면 그때 가야겠다고 생각한다면 엄청난 오산이야. 구원에서 멀어진 것 같으면 구원받은 자로 다시 살아가면 돼.

난 이런 이야기
처음 들어

형, 예전에 내가 신학교 가야겠다고 말한 거 생각나?
단기 선교 갔다 와서는 선교사로 나가야 할 것 같다고도 했고.
그런데 난 여전히 **'하나님을 충분히 사랑하는가?'** 라는 질문에는
자신 있게 대답하지 못 해.
그분을 충분히 사랑하기 위해
내 시간과 에너지를 얼마나 더
투자해야 하는 걸까?

4 하나님을 얼마나 더 사랑해야 충분해지는 거야?

　'하나님을 충분히 사랑하는 건 얼마큼 사랑하는 걸까?' 난 이것이 정말 중요한 질문이라고 생각해. 논리로 설명하기도 어렵고, 과학으로 증명하기도 어렵지만 인간은 거룩한 존재 앞에 섰을 때, 각자 거룩하고 놀라운 '신적 경험'을 하게 되지. 이것을 C. S.루이스는 '누미노제'(루돌프 오토가 처음 만든 말)라고 말했어.

　신앙인이 되는 사람은 각자 '누미노제'를 경험한 사람이지. 어떤 사람은 늘 반복되던 예배에서 찬양 가사 하나로 그런 경험을 하기도 해. 수련회나 선교지에서 말씀을 읽다가, 혹은 꿈을 꾸다가 그러기도 하고. 아니면 기가 막힌 행운을 만나거나 감당하기 어려울 만큼 슬픈 일을 당하거나 심지어 멍 때리다가도 이런 '신적 경험'의 순간이 찾아오지.

이 신적 경험은 몹시 황홀한 순간이야. 나에게는 눈앞의 어떤 물체를 보는 것보다 선명한 경험인데, 설명하기도, 증명하기도 어렵지. 그 간격이 클수록 더 매력을 느끼는 상황이 되는 거야.

대부분의 사람은 이때 엄청난 감정의 카타르시스를 느껴. 이른바 데굴데굴 현상이 일어나기도 하고, 자기 삶이 영화처럼 재생되면서 기억 저편에 숨겨 두었던 생각이 나기도 하고, 그동안 잊고 있던 잘못이 떠오르기도 하지. 거기서 오는 시원함과 해방감이 선물로 주어지는 시간이기도 해.

잘 생각해 봐. 하나님이 살아 계셔서 우리에게 다가오셨어. 이는 곧 자신을 나타내 보이셨다고 하는 거지. 그렇다면, 이때 우리는 무엇을 해야 할까? 당연한 대답이겠지만 나에게 다가오신 이분이 누구인지를 알아야 해. 이분이 무엇을 좋아하고, 무엇을 바라실까? 나에게 다가오신 이 특별한 은혜는 무엇을 위한, 또 무엇을 향한 일일까? 이것을 생각해 봐야 하지 않겠어?

우리는 그 내용이 담긴 책이 바로 '성경'이라고 믿는 거야. 이스라엘 백성과 예수 그리스도와 초대 교회에 자신을 나타내 보이신 그 하나님을 알아 가는 거지. 하나님이 어떤 분이신가? 하나님은 무엇을 좋아하시는가? 하나님은 불러 내신 사람을 통해서 무엇을 이루길 바라시는가? 이걸 성경을 통해 배울 수 있어.

그런데 안타깝게도 많은 교회에서 이것을 말하고, 고민하고, 가르치지는 않아. 오히려 처음 하나님을 만났을 때의 그 경험을 반복하는 것에 초점이 두지. 수련회 주제는 늘 '회복'이야. '첫사랑을 회복하라!' 많이 들어 봤지? 신앙의 목표가 처음 하나님을 경험했던 순간의 감정 상태가 되는 거야. 이러다 보면, 뜨거운 분위기를 만들고, 감정을 고조시키고, 울먹이는 목소리를 동원해서라도 감정 폭발을 만들어 내는 게 집회나 예배의 목표가 되어 버려. 하나님을 충분히 사랑하는 건 뜨겁고 열정적인 예배이거나, 눈물이 멈추지 않는 모습이라고 생각하게 하는 거야. 예배를 통해서 감정이 충족되지 않으면 불안하게 되지. '하나님을 향한 사랑이 식었나?' '요즘은 왜 하나님을 사랑하지 못하는 걸까?' 이런 마음이 들어.

또 하나님을 충분히 사랑하는 것이 '시간과 공간'을 다 하나님에게 드리는 거라고 생각하기도 해. '매 순간 주님을 바라본다'는 말처럼 내 모든 시간을 하나님에게 드리려고 해. 문제는 충분함이라는 건 측정할 수 없다는 거야. 결국 주관으로 판단하는 거지. 측정 불가능한 목표는 결국 자책감과 죄책감으로 이어지기가 쉬워. 어떤 사람도 자신 있게 "나는 오늘 매 순간 주님을 바라봤다"고 말할 수가 없기 때문이야. 이런 죄책감은 내 삶에 문제가 일어났을 때 모든 원인을 나에게서 찾게 되고, 이게 반복되면 신앙이 건강해지지 못해. 반대로 스스로 매 순간 주님을 바라보는 사람이 되었다고 생각하면 그는 전능한 독불장군이 되거나, 매 순간 주님을 바라보는 사람으로 내가 인정한 사람을 의존하게 되지.

장소에 대한 것도 마찬가지야. 내가 속한 모든 공간에서 하나님을 예배하는 것이 내가 속한 모든 곳에 십자가를 달아 두는 모습이 돼. 혹은 교회 밖은 위험하다고 생각하면서 교회 안에서만 자아실현을 하려는 사람이 되지.

지금 언급한 세 가지는 모두 개인적 신앙의 문제야. 내가 충분히 하나님을 사랑하는 것이 모두 개인적인 목표에 국한된다는 점이야. 구약 성경 예언서에 보면 하나님이 이스라엘에 심판을 내리시며 메시아를 통한 새로운 하나님 나라를 말씀하셔. 그 메시아가 그리스도고, 우리는 그 메시아가 예수 그리스도라고 고백하지. 예수님으로 인한 새로운 하나님 나라가 시작된 이유가 뭘까? 이건 무척 중요한 건데, 이스라엘 백성이 가진 '충분히 하나님을 사랑하는 방법'에 문제가 있었기 때문이야. 이스라엘 백성이 충분히 하나님을 사랑하는 방법이라고 한 그 모습에 하나님이 질려 버리신 거지.

이사야에서는 하나님이 이스라엘이 드리는 모든 제물도, 예배도, 절기도, 어떤 모습의 신앙 고백도 다 싫다고 하셨어. 심지어 구역질이 난다고 하셨지. 그러면서 이렇게 말씀하셔. "악한 행실을 버리고, 악한 일을 그치고, 정의를 행하고, 억압받는 사람을 도와주고, 과부와 고아의 재판을 도와주라"(사 1:16, 17 참조).

예레미야에서는 하나님이 예레미야를 성전 문 앞에 세워두고 외치게 하셔. 예배를 드리러 오는 사람들과 값어치 있는 걸 바치기 위해서 오는 사람들, 예배를 드리는 행위를 하는 자기 자신을 특별하게 생각하는 사람들을 향하여 "이곳은 여호와의 성전이 아니다!"(렘 7:4 참조)라고 외치게 하셔. 구역질 나는 예배 대신 '바르고, 정직하고, 진실한 삶'을 살라고 하시지.

미가 선지자도 하나님에게 질문해. 하나님 앞에 나아갈 때 무엇을 가지고 나아가면 기뻐하시겠는지 말이야. "내가 어떻게 하나님을 사랑하는 것이 충분히 하나님을 사랑하는 것입니까?"(미 6:6, 7 참조) 그때 하나님이 "내가 이미 너에게 수도 없이 말했다"라고 하시며 "공의를 실천하며, 인자를 사랑하며, 겸손히 하나님과 함께 행하는 것"(미 6:8 참조)이라고 말씀하시지.

하나님은 '하나님을 충분히 사랑하는 방법'에 대해서 성경을 통해서 알려 주셨어. 그건 바르고, 정직하고, 진실하게 살아가는 것이야. 내가 사는 삶 속에서 정의를 행하고, 공의를 실현하고, 억울한 자의 편을 들어주고, 작고 낮은 소외된 자들의 이야기를 들어주는 삶이야.

이 삶은 현실에서 실천하기가 어려워. 세상은 거짓이 가득하고, 속임이 일상이고, 강한 자의 편에 서서 낮은 자를 억압하면 더 많은 걸 얻을 수 있어. 그러나 이런 세상에도 하나님을 충분히 사랑하는 삶이 가능한 이유는 이 세상의 믿음이 아닌 '다른 믿음'이 있기 때문이야. 그럼에도 어렵지. 그래서 예배를 드리고 기도하고, 하나님이 주시는 은혜를 공급받으려 하는 거야. 도달할 수 없는 지점을 설정해 두고 그것에 충분해질 때까지 고민하지는 말라는 거야.

죄는 '스스로 하나님이 되려는 것'이라고 했잖아. 그 죄는 모든 관계를 망가지게 했어. 하나님과 이웃과 나를 대하는 방식에 문제가 생긴 거지. 의의 정의를 '하나님이 하나님 되시는 것'이라고 한다면 그 의는 모든 관계를 회복시킬 수 있어. 하나님과 이웃과 나를 대하는 방식에 변화를 가져올 수 있지.

내가 스스로 하나님이 되고자 할 때 하나님은 '램프의 요정'이 되어 버려. 하나님은 나인데, 하나님이라고 지칭하는 분을 통해서 나의 욕심과 욕망을 채우는 거지. 너무 교양 없어 보이니 이런저런 정성을 드리는 것처럼 해서 결국에는 내 정성에 굴복하는 하나님을 보고자 하는 거야.

40일 금식 기도라는 걸 생각해 보자. 40일 금식 이후에 내가 바라는 걸 수행하셔야 하는 하나님이라면, 그 믿음 속에서 참 하나님은 누구라고 생각하는 걸까? 내가 스스로 하나님이 되고자 할 때 이웃을 대하는 방식은 '더 높은 서열'이지. 나 외에 모든 이웃은 누가 참 하나님인지를 확인하는 대상이 되지. 서로 헤어지는 게 아쉬워서 결혼한 사람들이 결혼 후에 전쟁을 치르는 걸 보잖아. 결혼한 후 '누가 참 하나님인지'를 겨루는 거야. 그때 너무나도 사랑스러운 아이가 태어나. 그러나 그 아이는 시도 때도 없는 울음으로 '내가 참 하나님이다!' 하며 등장하는 거야. 이웃을 대할 때에 어느 것 하나라도 자신이 더 나은 점을 발견하지 못하면 견디지 못하는 게 우리야.

내가 스스로 하나님이 되고자 할 때 가장 심각한 문제는 나에 대한 이해야. 많은 사람이 성격, 말투, 외모, 능력 등 모든 면에서 자신을 맘에 들어 하지 않아. 그 이유는 나는 하나님이어야 하는데 나는 하나님이지 못한, 수도 없는 증거를 가지고 있잖아. 요즘 서점에 가면, 많이 보이는 주제가 '나를 이해하기', '그래도 괜찮은 나', '넌 잘될 수밖에 없어', '잘했고 잘될 거야', '반짝반짝 빛나는 너' 이런 책들이야. 나에 대한 화해 혹은 위로를 건네는 책이지. 이런 종류의 책이 많다는 건 반대로 생각해 보면 그만큼 나를 싫어하는 사람이 많다는 뜻이기도 해.

하나님을 충분히 사랑한다는 건 '하나님, 이웃, 나'와의 관계에 변화가 일어나는 거야. 내 뜻에 굴복해야 하는 하나님이 아니라, 하나님의 뜻이 이 땅에 이루어지기 위해서 살아가는 삶이 되는 것이고, 이웃보다 높은 서열을 얻기 위함이 아니라, 자신을 낮춰서 기꺼이 더 낮은 곳으로, 낮은 마음으로 살아가는 것이고, 작은 자와 약한 자를 존중하고 편을 들어주는 삶이 되는 거야! 나를 하나님의 마음으로 이해하고, 나와 화해하고, 대단한 성취와 자랑할 만한 것이 없는 삶이라고 해도 자족하는 삶을 살게 돼.

난 자다가 이불킥할 때가 있는데, 그건 바로 나의 회심을 자랑했던 순간이 떠오를 때야. 누구나 처음 신적 경험을 하는 순간에 뜨겁게 신앙생활을 하지. 그러고 나서 식어진 때를 지나. 그러다가 다시 신앙생활이 뜨거워지는 순간이 와. 나도 그런 때가 있었고, 그 순간을 '회심'이라고 말했어. 그런데 몇 가지 답할 수 없는 문제가 생겼어. 그럼, 처음 하나님을 경험했던 그 순간은 불충분한 사건이었나? 지난 번에 물어본 것처럼 나는 그때 구원받은 건가? 아니면 회심 때 구원받은 건가? 이런 질문을 갖게 되었어.

그런데 한 가지만은 답할 수 있었지. 내가 '회심한 나'를 자랑하고 싶었던 거야. 회심한 나에게 특별한 지위를 부여하고 '나는 회심했으니 나는 너희보다 차원이 조금 높아!'를 말하고 싶었던 거야. 잘못은 자기가 해놓고, 죄도 자기가 지어 놓고 회심한 나를 자랑하는 거야. 이불킥하는 이유는 회심한 나를 자랑하기 위해서 내가 지은 죄도 자랑하는 어처구니없는 모습이 이어지기 때문이지.

그러면서 하나님 앞에 진실된 고백을 한 적이 있어. '하나님이 저와 같은 자를 신실하고 한결같이 사랑하셨군요.' 그 고백 외에는 할 말이 없어졌어. 처음 하나님을 경험했을 때부터, 아니 그 전부터 나의 깊은 어둠의 때도, 또 내가 다시 하나님의 사랑을 회복했을 때도, 그 후에도 나는 수도 없이 바뀌고, 의심하고, 도망 다니기까지 했지만 하나님이 신실하게 나를 사랑하셨던 거야.

나는 '믿음의 대상이 누구인가'라는 질문이 무척 중요하다고 생각해. 하나님이라는 단어를 사용하면서 '믿음의 대상'으로는 자기 자신을 삼고 있는 사람이 너무나 많아. 회심한 나, 예배드리는 나, 주님 바라보는 나가 믿음의 대상인 거야.

그런데 이것보다 훨씬 중요한 사실이 하나 있어. 내가 하나님을 충분히 사랑하는 것보다 하나님이 오늘도 나를 충분하게 사랑하신다는 사실이지. 내가 하나님을 충분히 사랑하는 문제보다 하나님이 나를 충분히 사랑하신다는 것을 믿느냐가 더 중요하다는 거야.

어느 날 찬양 한 곡을 들으면서 처음에는 웃음이 났고, 그 이후에는 깊은 감동이 밀려왔는데, 그 찬양 제목이 <아 맞다>야. "하나님이 날 참 사랑하시네. 하나님이 날 참 사랑하시네. 어느 날 문득 생각해 보면 하나님이 날 참 사랑하시네." 나는 이 찬양 가사가 우리가 해야 할 진실한 고백이라고 생각해. 하나님을 충분히 사랑하는 사람은 이런 고백의 경험이 많은 사람이거든. 믿음의 대상이 '나'인 경우에는 신앙의 이름으로 내가 하는 모든 행동을 하나님을 사랑해서 한 행동이라고 스스로 정당화할 수 있어. 스스로 무오류한 존재가 될 수 있지. 무척 위험한 사람이 돼.

십자군 전쟁 같은 역사가 개인의 삶에서도 얼마든지 일어날 수 있어. 기도 많이 하는 사람의 이미지가 오히려 좋지 않게 보일 때가 있는데, 이것은 '신앙생활을 열심히 하는 사나운 사람'이라는 성립되기 어려운 모습을 본 탓이지.

'어떻게 하는 것이 하나님을 충분히 사랑하는 건가?'라는 질문이 생길 때, 하나님이 나를 지금도 충분히 사랑하신다는 걸 믿고,

바르고, 정직하고, 진실하게 살아가면 돼. 억울한 사람들의 편에서 주고, 세상에서 약한 이들의 이야기를 들어주면 돼. 이런 일들이 아주 작고 사소하더라도 내가 이렇게 살고자 하는 이유는 하나님을 믿기 때문이야.

　이거 하나만 기억해! 하나님이 나를 신실하게 사랑하셨을 뿐이라는 것을! 내가 어떻게 하나님을 충분히 사랑하니? 하나님이 나를 메워 주시는 것이지, 내가 하나님을 어떻게 메워 드리니?

형, 교회에서는 **늘 구원의 문제에 집중해.**
이 땅의 모든 삶이 구원을 얻는 순간을 준비하는 것처럼 느껴져.
내 친구는 젊을 때는 멋대로 살다가
늙어서 **죽기 직전에 예수님을 영접**하면 되는 거 아니냐고 하는데,
구원받는 것이 중요한 거라면 이 친구 말도 맞는 거잖아?

5 인생은 결국 구원을 목표로 살아야 하는 거야?

한때 유행했던, <신과 함께>라는 영화를 보면 사람이 죽으면 저승사자가 와서 데리고 가. 한참 동안 짙은 안개가 깔린 길을 지나, 강을 건너 마침내 심판대에 도착해서 판결을 받지. 여기에서 천국 혹은 지옥에 가는 것이 결정되는 거야.

이미 우리가 '하나님 나라'에 대한 이야기를 나눴지만, 하나님 나라를 이런 식으로 가게 되는 천국으로 이해하는 사람이 많아. 교회에도 마케팅이 있어. 그중 효과가 좋은 건 '공포 마케팅'이지. 자기가 환상을 봤는데, 수많은 사람이 캄캄한 길을 걷고 있었다는 거야. 그중에는 흰옷을 입은 사람도 있고, 검은 옷을 입은 사람도 있고, 회색 옷을 입은 사람도 있더라는 거지. 흰옷을 입은 사람들은 심판대 앞에 선 얼굴에 기쁨이 가득하고, 검은 옷을 입은 사람들은 잿빛 얼굴을 하고 있데. 문제는 회색 옷을 입은 사람들인데 가장 많고 표정도 읽을 수 없는 얼굴이래. 그래서 회색 옷을 입은 사람은 누구냐고 물으니 "교회에 다니지만 구원을 받지 못했거나 회개하지 않은 죄가 있는 사람들이다"라고 알려 주더라는 거야. 그래서 흰옷도 검은 옷도 아닌 회색 옷을 입고 지옥으로 가고 있다는 거지.

무섭지? 신앙의 인생으로 볼 때, 우리에게 결정적인 순간은 언제일까? 많은 사람은 '죽음의 순간'이라고 생각하는 것 같아. 결국 내가 구원을 받았는지 못 받았는지는 죽고 나서 심판대 앞에서 결정이 된다고 생각하는 거지.

사람들이 받는 가장 큰 스트레스는 '불확실성'이야. 층간 소음이 괴로운 이유도 그 소음이 일정하지 않고, 예측할 수 없기 때문이래. 우리가 구원받았는지를 '죽음의 순간'에 안다고 하면 모든 삶은 불확실성에 빠지게 되지. 얻을 수 있을지, 얻지 못할지 모를 구원을 위해서 삶을 이 불확실성을 제거하는 목적으로만 살아야 하는 거야.

문제는 그 불확실성을 확실성으로 바꿔 주는 역할을 '목사' 혹은 '설교자'가 하는 거야. 소중한 나의 삶을 편향될 수밖에 없고 오류가 있을 수밖에 없는 목사에게 의존하여 신앙생활을 하게 된다는 점이지. 이단이나 문제 있는 교회에서 '영적 그루밍'이나 '영적 가스라이팅'이 일어나는 이유가 모두 여기에 있어. 불확실함을 제거해 주는 사람이 목사인 것이지. 넓게는 구원의 문제이고, 좁게는 일상의 선택 문제까지……

그럼, 우리 신앙의 여정이 구원받기 위함이라면 무엇이 문제일까? 죄는 스스로 하나님이 되려는 거라고 했잖아. 성경이 말하는 죄의 문제는 모든 걸 나에게 돌린다는 것이지. 모든 것을 나에게 가둬 두는 거야. 그것에 대입해 보면, 신앙의 여정이 내가 구원을 받았는지에 대한 확신을 얻는 것이라면, 그 신앙은 '나의 범주'를 벗어날 수 있을까? 결국 나에게 갇힌 신앙생활이 되고 마는 거야.

신앙의 여정에서 우리에게 가장 결정적인 순간은 '죽음의 순간'이 아니야. 이것은 무척 중요한 문제야. 사도 바울이 놀라운 고백을 하는데, 로마서 8장 38, 39절에서 사망이나 생명이나 장래의 일이나 어떤 것도 우리를 우리 주 그리스도 예수 안에 있는 하나님의 사랑에서 끊을 수 없다고 했어. 우리 신앙의 결정적인 순간이 '사망'이 아니라는 말이지. 죄의 값이 사망이고, 그 사망으로 인해서 모든 죄와 악이 시작되었는데, 그 사망이 이제는 우리 삶의 결정적인 순간이 아니라는 것이지. 왜냐하면? 우리 주 그리스도 예수 안에 있는 하나님의 사랑이 사망을 이기셨거든.

또 있어. 로마서 14장 8, 9절에 보면 우리가 살아도 주를 위하여 살고, 죽어도 주를 위하여 죽는다고 고백해. 사나 죽으나 주의 것이라고 말하지. 예수 그리스도께서 죽었다가 살아나셔서 죽은 자와 산 자의 하나님이 되셨다고 고백해. 그러니까 우리에게 결정적인 순간은 '죽음'이 아니야. 우리는 살아도 주의 것이고, 죽어도 주의 것이지. 우리는 살아도 그리스도 안에 있고, 죽어도 그리스도 안에 있어.

죽음의 순간에 나의 '구원'을 확인받는다는 건 거짓에 가깝지. 예수님이 하신 말씀들을 살펴보자. 예수님은 하나님 나라가 '이미' 임했다고 여러 번 말씀하셨어. 누가복음 17장 20, 21절에 보면 바리새인들이 하나님 나라가 언제 임하느냐고 물어보는데, 바리새인들이 기대한 하나님 나라는 로마 제국을 이기고 세워질 유다 제국을 의미하는 거야. 그런데 예수님이 그 나라가 이미 너희 안에 있다고 말씀하셔. 예수님이 하나님 나라를 시작하셨기 때문에 예수님과 함께 있는 그곳에 하나님 나라가 시작되었다는 뜻이야.

누가복음 11장 20절에 하나님의 손(능력)으로 힘입어 귀신을 쫓아낸다면 하나님 나라가 이미 임했다고 말씀하셔. 구약에 예언된 메시아가 가져올 하나님 나라는 귀신이 내쫓음을 당하고, 지체 장애인이 걷게 되고, 언어 장애인이 말을 하게 되는 곳임을 말하지. 귀신 들림과 장애는 정신과 육체에 억압된 사람을 의미해. 하나님의 능력으로 억압에서 자유를 얻게 되는 사람이 있을 때, 그곳이 이미 하나님 나라라고 말씀하신 거야.

무엇보다 예수님이 아주 분명하게 이 문제를 말씀하신 때가 있어. 바로 부자 청년과의 대화에서야. 부자 청년은 예수님에게 '구원을 얻으려면 무엇을 해야 합니까?'라고 여쭤 봐. 예수님이 부자 청년을 사랑하셔서 말씀하시는데, 그 말씀이 재산을 다 팔아서 가난한 자들에게 나누어 주라는 말씀이지. 그런데 이 부자 청년은 구제도 원래 잘하던 사람이었어. 이 말씀의 의미는 "네 재산을 다 팔아서 너도 가난한 사람 중 하나가 될 수 있겠느냐?"라는 거야.

부자 청년은 구원받기 위해서 무엇을 더 해야 하느냐고 여쭈어 본 거야. 내가 완벽하게 구원을 받을 방법이 무엇인지 궁금해 했지. 그런데 예수님의 대답은 구원받은 자로서 살아가라는 말씀이었어. 그 삶이 바로 높은 것이 낮아지는 삶이고! 부자 청년으로 불리는 게 아니라 '그들 중 하나'로 살아가는 삶이 구원받은 자로서의 삶이라고 말씀하신 거야.

하나님 나라를 말할 때 '이미와 아직'이라는 표현을 써. 예수님이 이 땅에 오시는 사건으로 이미 새로운 하나님 나라는 시작되었지. 그러나 아직 완성되지는 않았어. 이 모든 시간이 끝나는 날 완성되는 하나님 나라를 우리는 소망해. 문제는 지금, 여기, 현실에서도 우리가 하나님 나라를 살아가고 있음을 믿느냐는 거야.

성경에는 분명 우리가 죽고, 혹은 모든 시간이 끝나고 가게 되는 다른 시간과 공간에서의 하나님 나라를 말하고 있어(마 6:20[하늘], 눅 6:23[하늘], 눅 10:20[하늘], 눅 23:43[낙원], 요 12:2[예비하신 처소], 요한계시록 21장 등). 그런데 그 하나님 나라는 '죽음' 이후에 알 수 있는 곳이 아니라, 지금 여기에서 하나님 나라를 살아가다가 옮겨

가게 되는 곳이지. 구원받기 위해서 신앙생활을 하는 것보다 구원받은 자로서 신앙생활 하는 게 더 중요한 거야.

> 심령이 가난한 자는 복이 있나니 천국이 그들의 것임이요 애통하는 자는 복이 있나니 그들이 위로를 받을 것임이요 온유한 자는 복이 있나니 그들이 땅을 기업으로 받을 것임이요 의에 주리고 목마른 자는 복이 있나니 그들이 배부를 것임이요 긍휼히 여기는 자는 복이 있나니 그들이 긍휼히 여김을 받을 것임이요 마음이 청결한 자는 복이 있나니 그들이 하나님을 볼 것임이요 화평하게 하는 자는 복이 있나니 그들이 하나님의 아들이라 일컬음을 받을 것임이요 의를 위하여 박해를 받은 자는 복이 있나니 천국이 그들의 것임이라 나로 말미암아 너희를 욕하고 박해하고 거짓으로 너희를 거슬러 모든 악한 말을 할 때에는 너희에게 복이 있나니(마 5:3-11).

구원을 얻는 게 목적이라면 우리는 도저히 산상수훈을 읽어 낼 방법이 없어. 위 말씀은 팔복, 하나님 나라 백성에게 주어진 여덟 가지 복을 알려 주시는 거야. 그런데 이 말씀 중 복이 될 만한 게 있는지 생각해 봐. 가난한 자, 우는 자, 온유한 자, 의에 주리고 목마른 자, 긍휼히 여기는 자, 마음이 깨끗한 자, 화평하게 하는 자, 의를 위하여 박해받는 자. 이게 왜 복이 되는 거야? 구원받은 사람, 하나님 나라에 속한 사람은 높음이 낮음 되는 삶을 살아가기 때문에 복이 되는 거야.

팔복의 내용 중 이 세상에서 말하는 복이라는 게 있나? 이 세상을 살아가는 데 도움이 되는 게 있니? 재미있는 건 이걸 "영적"으로 해석하는 사람들도 있어. 그런데 애초에 우리는 죽고 나서 가는 천국을 위한 신앙을 갖고 사는 게 아니야. 우리는 예수 그리스도께서 시작하신 하나님 나라에 속한 자로서 현실을 살아가는 것이지. 구원을 얻기 위해서 사는 삶이 아닌 구원을 얻은 자로 사는 삶으로 부름받은 거야.

성경에 "나더러 주여 주여 하는 자마다 다 천국에 들어갈 것이 아니요"(마 7:21)라는 말씀이 나오지? 나더러 주여 주여 하는 자마다 다 하나님 나라 백성이 아니라는 말씀이야. 성경에 이 한 줄을 딱 떼어 말하면 오해가 될 수 있지. 또 우리나라처럼 주여 삼창을 즐겨 하는 나라에서는 이 말씀으로 설교를 하면 또 '공포 마케팅'에 유효한 효과를 만들어 낼 수 있어.

그런데 맥락을 보면 우선 이 말씀은 '거짓 선지자'를 향한 말씀이야. 하나님의 말씀을 가지고 사람을 억압하는 자들을 향한 말씀이지. 하나님이 가장 싫어하는 모습이야. 게다가 이 본문의 중심 주제는 '그 사람의 열매를 봐야 한다'라는 거잖아. 지금 내가 말하는 내용과 같은 거야. 구원을 얻기 위해서 사는 사람이 아닌 구원을 얻은 자로 살아가는 사람인지를 보라는 것, 그게 더 중요한 질문이라는 말씀이지.

예수님을 믿는 순간, 우리는 '뿅' 하고 바로 천국에 가는 게 아니야. 우리는 이 현실을 남들과 같은 조건에서 살아가야 해. 누구도 자본주의를 부정하며 살 수 없고, 이 땅의 법과 질서, 규칙을 벗어나서 살 순 없어. 이 거대한 질서 속에 불공정과 불의와 악을 벗어나서도 살 수 없지. 그 현실은 암막으로 가리고 우리 신앙의 목표를 '죽음의 순간'에 맞춘 채 그 이후에만 알 수 있는 천국만 바라보면 매우 위험한 신앙이 되어 버려.

다른 종교는 '완벽함'을 요구해. 완벽해야 구원을 얻을 수 있고, 완벽해야 그 종교의 삶을 살 수 있다고 말하지. 그런데 이 기독교 신앙이 참 좋은 점은 '완벽함'을 요구하지 않는다는 거야. 완벽한 자격을 갖춘 사람이 구원을 얻는 게 아니라, 오직 하나님의 은혜로 구원을 얻게 되는 거야. 우리는 하나님 나라에 초대된 사람일 뿐이야. 자격이 없는 우리에게 베풀어진 은혜를 거머쥔 사람일 뿐이지.

우리에게 중요한 건 내가 어느 정도 수준에 이를 수 있느냐가 아니야. 우리를 이 나라에 속하게 하신 분의 뜻과 계획이 무엇이냐는 거지. 완벽함을 추구하는 종교가 많은 이유는 그것이 우리 본성에 맞아서야. 스스로 하나님이 되려는 본성은 믿음의 대상이 '나'이고 내가 완벽해지는 상태로 우월성을 얻기 원해. 그러면 종교를 통해서 특별한 권위를 얻는 '선민의식'을 갖게 되는 것이지. 하지만 우리가 믿는 것에는 '나'를 믿음의 대상으로 삼을 만한 요소는 없어. 우리는 오직 우리를 부르신 이의 뜻과 계획을 물을 뿐이야.

사도 바울은 거듭난 사람의 특징을 '자랑'으로 설명해. 그 사람이 자랑하는 대상이 그 사람의 믿음의 대상이라는 것이야. 자랑은 곧 타인과의 다른 점에 관한 이야기이고, 그것은 나의 우월함을 드러내는 거야. 타인에게서 찬양받고자 하는 욕망이지.

예레미야는 하나님의 백성이 자랑해야 하는 것은 하나님을 아는 명철이라고 말해. 그리고 그 하나님을 아는 명철이 바로 '사랑과 정의와 공의'라고 말하지(렘 9:24 참조). 하나님의 백성으로서 현실의 삶을 살아갈 때, 사랑과 정의와 공의를 외치고 이를 행하고 목표로 삼아 살아가야 해. 구원을 얻은 자로서의 삶은 '개인의 범주'를 벗어나는 일이야. 즉 '나를 넘어서는 삶'이지. 반면, 구원을 얻기 위해서 사는 삶은 '개인의 범주'에 머물고, 결국에는 '신앙생활하는 나'를 추구하는 삶을 살기가 쉽지.

신앙은 이 세상이 하지 않는 질문을 하는 거라고 생각해. 이 세상이 가진 확고한 믿음에 대하여 질문하는 거야. 그렇기 때문에 신앙생활을 하는 모든 순간은 결국 '질문'이라고 할 수 있어. 질문을 바꾸자. "나는 구원받은 사람인가?"가 아니라 "나는 구원받은 자로서 살아가고 있는가?"로!

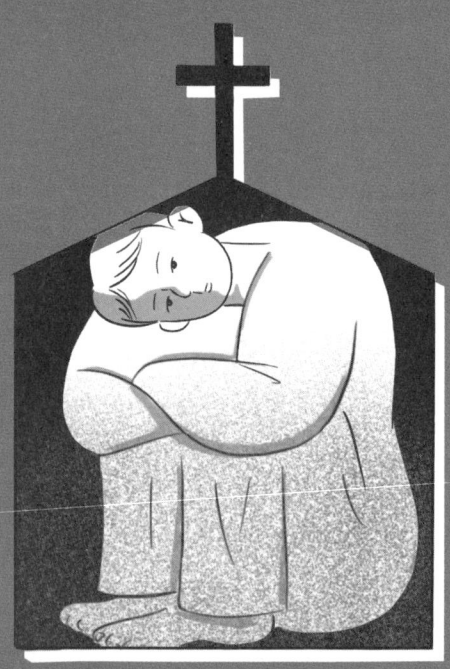

형, 사람은 다 행복을 위해서 살아가잖아.
그런데 모두가 최대치의 행복을 추구하는 게 가능한 일이야?
그리고 교회를 다녀도 행복하지 않으면,
신앙이 없기 때문이라고 말하는 사람도 있어.
예수님은 내 행복을 지켜 주는 분인 거야?
그렇다면 **행복은 신앙의 결과**겠네?

6 교회를 다녀도 행복하지 않으면 어쩌란 거지?

'트롤리 딜레마'(Trolley Dilemma)라고 들어 봤어? 하버드 대학교 마이클 샌델 교수가 쓴 「정의란 무엇인가」(와이즈베리)라는 책에 나와서 유명해진 실험인데, 이런 거야.

너는 기관사라고 가정하는 거야. 그런데 브레이크가 고장이 나 버렸지. 네가 운행 중인 기차가 지나는 철로에 다섯 명의 사람이 묶여 있어. 그대로 가면 다섯 명 모두 죽게 된단 말이지. 그런데 중간에 사용하지 않던 비상 철로가 하나 있는데 그곳에는 당연히 기차가 안 올 줄 알고 일을 하던 한 사람이 있어. 네가 철로를 선택할 수 있다면, 어떤 선택을 하겠니? 그리고 무엇이 정의라고 말하겠어? 이런 상황에서 대부분의 사람은 어쩔 수 없이 한 사람이 죽는 걸 선택한다는 거야.

그런데 네가 이 상황을 기차 난간에서 지켜보던 사람이라고 상황을 바꿔 볼게. 이 기차가 철로를 바꾸기 전에 큰 물체에 걸리면 멈추게 돼. 마침 네 앞에 덩치가 매우 큰 사람이 구부정하게 걸터앉아 있어. 이 사람은 딱 봐도 위험해 보여. 어쩌면 자살을 생각하던 사람일 수도 있지. 어차피 한 사람 이상은 죽어야 이 비극은 멈추게 돼. 네가 그 덩치 큰 한 사람을 밀면 철로에 묶여 있는 다섯 사람을 모두 살리는 거야. 진짜 극적으로, 그 덩치 큰 사람은 떨어졌지만 안 죽을 수도 있는 거잖아. 너라면 그 사람을 밀겠어? 이 질문에는 대부분 그럴 수 없다고 답을 한다는 거야. 한 사람이 희생당하는 것은 같은데, 우리는 다르게 답을 한다는 거야.

첫 번째는 '공리주의' 관점이라는 건데. 철로에서 한 명을 희생하고 다섯 명을 살린 사람은 '공리주의자'들이지. 그들에게 정의는 최대 다수의 최대 행복이야.

두 번째는 칸트가 말하는 '정언 명령'에 따르는 정의야. 사람을 어떤 경우에도 죽이면 안 된다는 절대 진리, 혹은 선이 정의라고 생각하는 거지.

첫 번째는 최대한 많은 사람의 생명을 살리는 것이, 두 번째는 나의 의지가 들어가서 살인의 행위가 된다는 것이 다른 선택을 하게 되는 기준이 되는 거야.

넌 행복에 관해 물었는데, 내가 '정의'에 대해 말하는 것은 행복도 이 두 가지 기준으로 생각할 수 있기 때문이야. 행복은 내가 최대치의 행복을 가져왔기 때문에 행복할 수 있어. 또 내가 사람다운 행동 혹은 그리스도인다운 행동을 했기 때문에 행복할 수 있지. 사람은 누구나 행복을 추구해. 헌법에도 '행복 추구권'이라는 권리가 있지. 그런데 그 행복은 어디까지가 상한선일까? 내가 행복을 추구하는 과정에서 타인을 불행하게 할 수도 있고, 피조 세계를 망가지게 할 수도 있지.

우리는 신앙생활을 하는 사람들인데, '내 행복을 위해서 신앙생활을 한다'는 말이나, '예수님은 나를 행복하게 해주시는 분이다'라는 말을 고민한다는 건 네가 진짜 아름다운 청년이라는 증거야. 내가 행복하고, 최대한 많은 사람이 행복하면 그것이 하나님이 바라시는 행복일까? 이 질문을 할 수 있어야 해.

이 고민은 그동안 한국 교회가 얼마나 '개인화', '사사화' 된 신앙을 강조했는지를 알 수 있어. 내가 행복해야 하고, 내가 평안해야 하고, 내가 기뻐야 하는 신앙생활이 최우선이라고 말할 수는 있겠지만, 그것이 전부라고 하는 듯한 모습이 우리에게 많아.

요한복음 15장에 나오는 '포도나무' 비유를 보자.

> 나는 참포도나무요 내 아버지는 농부라 무릇 내게 붙어 있어 열매를 맺지 아니하는 가지는 아버지께서 그것을 제거해 버리시고 무릇 열매를 맺는 가지는 더 열매를 맺게 하려 하여 그것을 깨끗하

게 하시느니라 너희는 내가 일러준 말로 이미 깨끗하여졌으니 내 안에 거하라 나도 너희 안에 거하리라 가지가 포도나무에 붙어 있지 아니하면 스스로 열매를 맺을 수 없음같이 너희도 내 안에 있지 아니하면 그러하리라 나는 포도나무요 너희는 가지라 그가 내 안에, 내가 그 안에 거하면 사람이 열매를 많이 맺나니 나를 떠나서는 너희가 아무것도 할 수 없음이라 사람이 내 안에 거하지 아니하면 가지처럼 밖에 버려져 마르나니 사람들이 그것을 모아다가 불에 던져 사르느니라(요 15:1-6).

이 말씀 중에 가장 유명한 내용은 5절이고, "그가 내 안에, 내가 그 안에"라는 말씀이 우리에게 남아 있는 문구이고, 구호가 되는 것 같아. 그런데 이게 우리나라 문화 안에서 교묘하게 섞이곤 해. 내가 옛날 사람이라 이런 말을 하는 건 네가 이해해 줘. 예전 드라마 <파리의 연인>에서 남자 주인공이 여자 주인공한테 이런 말을 해. "내 안에 너 있다!" 이 말은 아주 대단했어. 내 나이쯤 되는 사람들은 이 말씀을 듣는 순간 이 남자 주인공을 떠올리지. "내 안에 예수님 있다. 예수님 안에 나 있다." 그리고 뭔가 그 안에 거한다고 하는 게 그 안에 꼭 안겨 있는 느낌 같기도 하고, 예수님 안에 거하는 그 자체가 목적이라고 착각하게 만드는 말씀이기도 하지.

그런데 왜 예수님은 포도나무로 비유하셨을까 생각해 본 적 있어? 이 말씀은 이사야 말씀에 대한 예수님의 가르침이고, 성취의 말씀이야. 이사야 5장에 하나님이 이스라엘과 자신의 관계를 포도나무에 비유하시면서 이렇게 말씀하시지.

> 무릇 만군의 여호와의 포도원은 이스라엘 족속이요 그가 기뻐하시는 나무는 유다 사람이라 그들에게 정의(미쉬파트)를 바라셨더니 도리어 포학(미스파흐)이요, 그들에게 공의(체다카)를 바라셨더니 도리어 부르짖음(차아카)이었도다(사 5:7, 8).

하나님이 포도원을 만들고, 포도나무를 심으셨어. 망대를 직접 세우고, 틀을 만드셔서 온 마음을 쏟아 최선을 다해서 가꾸셨어. 그런데 들포도보다도 못한 열매가 맺힌 거야.

이스라엘이라는 나라를 포도원으로, 이스라엘 백성을 포도나무로 하나님이 심고 가꾸셨는데 그 나무가 좋은 열매를 맺지 못하는 거지. 그 이유는 다들 자기만의 행복을 추구하느라 '정의와 공의'가 사라졌기 때문이야. 하나님이 이스라엘에게 바라신 것은 정의(미쉬파트)인데, 그들은 포학(미스파흐)로 바꾸었고, 공의(체다카)를 바라셨는데, 부르짖음(차이카)으로 바꾸었다는 거야.

성경에서 '공의'로 번역되는 단어는 '체다카'야. 정의로 번역되기도 하는데 대부분 공의로 쓰지. 체다카는 넓은 의미의 정의를 말하는 것이고, 보편적인 선행이라고 할 수 있어. 혹은 바른 관계와 진실한 관계라고도 이해할 수 있어.

성경에서 '정의'로 번역되는 단어는 '미쉬파트'야. 미쉬파트는 공적이고 절차적인 정의를 말해. 재판에 따른 정의, 사법적 정의가 여기에 속하지. 공정한 재판을 하고, 억울한 자가 없게끔 공정한 절차를 만드는 거야.

이스라엘은 결국 모두가 자기 자신의 즐거움을 추구하다가 '정의와 공의'를 상실해 버렸어. 나의 행복만을 추구하다가 '바른 관계'가 무너지고, 절차적, 사법적 정의가 상실되었어. 하나님은 자기 백성이 다른 민족과 다르게 '정의와 공의'가 살아 있는 자들이 되길 바라셨어.

북이스라엘이 멸망한 이유를 아모스를 통해 이렇게 말씀하셔.

오직 정의를 물같이, 공의를 마르지 않는 강같이 흐르게 할지어다 (암 5:24).

멸망의 이유는 결국 체다카와 미쉬파트의 상실이었어. 하나님이 멸망시키고 다시 세우시는 나라는 정의가 물같이, 공의가 강같이 흐르도록 회복한다고 말씀하시는 거야.

남유다가 바벨론에 멸망할 때는 미가를 통해서 이렇게 말씀하시기도 했어.

> 사람아 주께서 선한 것이 무엇임을 네게 보이셨나니 여호와께서 네게 구하시는 것은 오직 정의를 행하며 인자(헤세드)를 사랑하며 겸손하게 네 하나님과 함께 행하는 것이 아니냐(미 6:8).

하나님은 여러 번 우리에게 바라시는 게 무엇인지 말씀하셨어. 바로 정의를 원하시고, 겸손하며 하나님과 함께 '공의'를 행하기를 바라시는 거야. 공의와 정의가 회복된 '헤세드'를 보기 원하시는 거야.

헤세드는 은혜로도 번역되고, 인자로도 번역돼. 작은 자, 낮은 자, 고아와 과부와 나그네, 자격 없는 자에게 베풀어지는 것이 헤세드야. 정의와 공의가 회복된 하나님 나라에서 나타나는 모습이 바로 '헤세드'지. 헤세드가 회복된 하나님 나라, 그 나라를 하나님이 원한다고 말씀하시는 거야.

여기에서 '인자'를 지나치게 단순화해서 '예수님'이라고 말하면 곤란해. 작은 자, 연약한 자, 예수님이 지극히 작은 자 하나에게 한 것이 곧 나에게 한 것이라고 하신 말씀을 떠올려 봐. 종합하면 하나님이 포도원을 만들고, 포도나무를 심으셨는데 그 포도나무들이 다 열매를 맺지 못해. 그래서 하나님이 새 포도나무를 심고, 그 포도나무에 접붙여진 포도들로 채워진 포도원을 만드는 계획을 세우신 거야. 그래서 예수님은 "나는 참포도나무요. 아버지는 농부라"(요15:1)라고 말씀하신 거야. 이 이사야 말씀을 성취하러 오셨다는 말씀이지.

그렇다면 예수님이라는 포도나무가 오셔서 회복하는 것은 무엇일까? 우리가 예수님 안에, 예수님이 우리 안에 계실 때에 무엇이 회복되는 걸까? 새로운 포도나무에 접붙여진 우리는 어떤 의의 열매를 맺는 걸까?

안타까운 건, 내가 주님 안에, 주님이 내 안에 거하신다는 그 말씀만 잘라 내어 어떤 느낌과 정서를 갖는 경우가 많다는 사실이야. 우리가 접붙여진 존재로서 어떻게 살아가야 하는 구체적인 삶을 말하는게 아니라 알 수도 없고, 표현하기도 힘든 어떤 내가 주님 안에 완전하게 거한다는 느낌을 찾는 것으로 오해하지.

이 이야기가 전면에 등장하는 것이 선한 사마리아인 비유야. 율법 학자, 제사장, 레위인 모두 자신이 생각하는 율법 몇 개 때문에, 자신을 만족시키고 행복하게 하는 종교 행위 때문에 고통 가운데 죽어 가는 사람을 외면하고 말지. 낯선 이웃이 피 흘리는 것에 무관심하게 돼.

그런데 그 종교인들이 '저주받은 사람'이라고 여기던 '사마리아인'은 가던 길을 멈춰 고통 가운데 있는 사람을 여관으로 데리고 가고, 돌보는 일을 하지. 예수님이 이렇게 물으셔. "너는 무엇에 행복을 느끼니?"

다음 말씀을 읽어 보면 예수님이 우리에게 요구하신 행복이 무엇인지 더 잘 알 수 있을 거야.

그때에 제자들이 예수께 나아와 이르되 천국에서는 누가 크니이까 예수께서 한 어린아이를 불러 그들 가운데 세우시고 이르시되 진실로 너희에게 이르노니 너희가 돌이켜 어린아이들과 같이 되지 아니하면 결단코 천국에 들어가지 못하리라 그러므로 누구든지 이 어린아이와 같이 자기를 낮추는 사람이 천국에서 큰 자니라 또 누구든지 내 이름으로 이런 어린아이 하나를 영접하면 곧 나를 영접함이니 누구든지 나를 믿는 이 작은 자 중 하나를 실족하게 하면 차라리 연자 맷돌이 그 목에 달려서 깊은 바다에 빠뜨려지는 것이 나으니라 실족하게 하는 일들이 있음으로 말미암아 세상에 화가 있도다 실족하게 하는 일이 없을 수는 없으나 실족하게 하는 그 사람에게는 화가 있도다 만일 네 손이나 네 발이 너를 범죄하게 하거든 찍어 내버리라 장애인이나 다리 저는 자로 영생에 들어가는 것이 두 손과 두 발을 가지고 영원한 불에 던져지는 것보다 나으니라 만일 네 눈이 너를 범죄하게 하거든 빼어 내버리라 한 눈으로 영생에 들어가는 것이 두 눈을 가지고 지옥 불에 던져지는 것보다 나으니라 삼가 이 작은 자 중의 하나도 업신여기지 말라 너희에게 말하노니 그들의 천사들이 하늘에서 하늘에 계신 내 아버지의 얼굴을 항상 뵈옵느니라 (없음) 너희 생각에는 어떠하냐 만일 어떤 사람이 양 백 마리가 있는데 그중의 하나가 길을 잃었으면 그 아흔아홉 마리를 산에 두고 가서 길 잃은 양을 찾지 않겠느냐 진실로 너희에게 이르노니 만일 찾으면 길을 잃지 아니한 아흔아홉 마리보다 이것을 더 기뻐하리라 이와 같이 이 작은 자 중의 하나라도 잃는 것은 하늘에 계신 너희 아버지의 뜻이 아니니라(마 18:1-14). 그러나 너희 듣는 자에게 내가 이르노니 너희 원수를 사랑하며 너희를 미워하는 자를 선대하며 너희를 저주하는 자를 위하여 축복하며 너희를 모욕하는 자를 위하여 기도하라 너의 이 뺨을 치는 자에게 저 뺨도 돌려대며 네 겉옷을 빼앗는 자에게 속옷도 거절하지 말라 네게 구하는 자에게 주며 네 것을 가져가는 자에게 다시 달라 하지 말며 남에게 대접을 받고자 하는 대로 너희도 남을 대접하라 너희가 만일 너희를 사랑하는 자만을 사랑하면 칭찬받을 것이 무엇이냐 죄인들도 사랑하는 자는 사랑하느니라 너희가 만일 선대하는 자만을 선대하면 칭찬받을 것이 무엇이냐 죄인들도 이렇게 하느니라 너희가 받기를 바라고 사람들에게 꾸어 주면 칭찬받을 것이 무엇이냐 죄인들도 그만큼 받고자 하여 죄인에게 꾸어 주느니라 오직 너희는 원수를 사랑하고 선대하며 아무것도 바라지 말고 꾸어 주라 그리하면 너희 상이 클 것이요 또 지극히 높으신 이의 아들이 되리니 그는 은혜를 모르는 자와 악한 자에게도 인자하시니라 너희 아버지의 자비로우심같이 너희도 자비로운 자가 되라 비판하지 말라 그리하면 너희가 비판을 받지 않을 것이요 정죄하지 말라 그리하면 너희가 정죄를 받지 않을 것이요 용서하라 그리하면 너희가 용서를 받을 것이요 주라 그리하면 너희에게 줄 것이니 곧 후히 되어 누르고 흔들어 넘치도록 하여 너희에게 안겨 주리라 너희가 헤아리는 그 헤아림으로 너희도 헤아림을 도로 받을 것이니라(눅 6:27-38).

너에게 친절한 말이 있다는 것이 행복이고, 네가 여전히 사람을 따뜻하게 볼 수 있다는 것이 행복이고, 네가 지극히 작은 자의 이야기를 들어 줄 여력이 있다는 것이 행복한 거야. 나라는 이 어마어마한 크기의 행복 결핍을 다 채우고 나서 누군가를 향하는 것이 아닌, 지극히 작은 자 하나에게 한 행동이 '예수님이 내 안에 계시다는 분명한 증거이니' 완전 럭키비키잖아!

2부

반박할 수 없지만 무지 불편한 교회 관용구

형, 우리 교회 부흥회 주제가
무엇였는지 알아?
하루는 민족 통일, 하루는 세계 복음화,
또 하루는 다음 세대 부흥이었어.

다 좋지…….
그런데 내 **삶과는 거리**가 느껴져서
도통 집중이 잘 안되더라고.
그저 우리 **마음만 뜨거워지는 구호**를
외치는 건 아닐까?

> **7**
> "민족 통일, 세계 복음화, 다음 세대 부흥을 위해!"

 이 문제를 이해하려면 교회가 발전해 온 방식부터 알 필요가 있어. 도시에 있는 교회는 대부분 급격한 도시화가 일어날 때 도시로 몰려든 사람들로 채워진 교회지. 도시가 개발될 때 천막을 지붕 삼아 교회를 시작하거나, 건물 지하에서 교회를 시작하기도 했지. 그렇게 생겨난 교회는 마을을 중심으로 성장을 했어. 자신이 살던 지역에 교회가 있었고, 자신의 삶의 중심에 교회가 있는 환경이었지. 떠나온 고향을 대신하는 역할을 교회가 한 거야. 고향에 함께 모여 살던 친척 역할을 성도가 했고, 고향의 집안 어르신 역할을 목사가 하게 되었어.

 그런 사회 배경과 필요 때문에 교회가 급성장했어. 천막만 치고, 북 치면서 동네만 돌아도 교회가 가득 찼다는 이야기가 있었으니, 이런 상황에서 급성장한 교회에 문제가 많이 생겼지. 헌금도 무당에게 주는 복채 같은 개념이 되어서 한 번 헌금한 건 목사 마음대로 해도 된다는 생각이 있었고, 천막-지하-지상-단독 건물이라는 공식대로 교회는 움직였지. 하루라도 빨리 더 넓은 공간을 마련할수록 교회가 계속 성장했기 때문에 여기에서 오는 갈등도 많았어.

이 과정에서 부흥사가 등장했어. 부흥사는 '건축 헌금 부흥사'와 '목사 차 바꿔 주는 부흥사', '목사 잘 섬겨야 복 받는다 부흥사'로 전문화되어 활동했어. 이 말이 무슨 뜻이냐면, 옛날에는 부흥회 끝 순서에 교회 건축을 발표하기도 하고, 목사에게 차를 사주자고 말하기도 하고, 그게 아니면 목사 정장이라도 해주자고 말하는 것이 문화였지.

그러다가 각 지역 교회에서 상처받고 어려움을 겪는 사람이 많아질 때쯤 한국 교회에는 '대형 교회' 운동이 일어났어. 대형 교회는 사람들을 끌어모으기 위해 '건강한 교회'와 교회가 추구해야 할 이상을 구호로 외쳤지. 그러면서 한국 교회에는 '민족 통일, 세계 복음화, 다음 세대'가 레토릭처럼 사용되기 시작했어.

도시화 시대에 도시 속에서 마을 기능을 했던 교회에 구심점이 필요했지. 그게 한편으로는 스타 목사였고 또 한편으로는 거대한 아젠다였지. 교회 성장학이 발달하기도 하고, 세미나를 통해서 이런 방법들이 제시되기도 했지. 그래서 큐티 목회 세미나, 제자 훈련 세미나, 선교 훈련 세미나 등으로 이어졌어. 어느 분야를 대표하는 목사가 되고 그것으로 이른바 스타 목사가 되면 교회가 성장하게 되는 스토리가 만들어지기 시작한 거야.

이게 한국 교회 전반으로 확장됐고, 그때부터는 부흥회에 그 스타 목사를 어떻게든 모셔서 이야기를 듣고 싶어 했어. 그리고 그 이야기는 거대한 아젠다였고. 결국 측정할 수도, 확인할 수도 없는, 그래서 '우리가 뭘 해야 하는데?'라는 의문만 갖게 되는 아젠다가 교회를 채워 나가기 시작했어.

여기에서 심각한 문제는 역시 신앙 목표가 지나치게 '개인화'되어 있다는 점이야. '민족 통일, 세계 복음화, 다음 세대' 모두 마음을 뜨겁게 하는 주제이자, 교인들에게는 이루어졌으면 하는 소망이기도 하지. 교회에서 이 단어들이 사용될 때는 주로 기도할 때야. 특별히 이 주제로 모여서 기도할 때는 분위기와 감정이 고취되고 흥분되어서 눈물이 왈칵 쏟아지는 분위기가 만들어지기도 해. 기도 자체가 개인화되어 가다 보니, '기도하는 나'를 추구하게 되는 것 같아. 뜨거운 기도 분위기에서는 '나는 특별한 주제를 가지고 기도하는 사람'이라는 자의식을 갖게 돼.

이쯤에서 이런 질문을 하고 싶지 않니? '민족 통일'을 어떻게 할 것인가? 일단 우리가 선택할 수 있는 방법은 세 가지야. 하나는 북진 통일이고, 하나는 북한 정권 붕괴이고, 마지막 하나는 두 나라가 유럽처럼 국경이 희미해지는 일이야. 민족이 통일될 방법은 이 세 가지 외에는 없어. 이 세 가지 중에 어떤 것을 준비하고, 정책을 세우고, 정치인에게 설득할지를 교회가 고민해야지. 예수님은 어떤 방법을 선택하실 것 같아?

첫 번째, 북진 통일을 위해 대량 파괴 무기가 있는 상황에서 전쟁을 한다면 남한과 북한 모두 회복 불가능한 상태가 될 거야. 예수님은 오른뺨을 맞으면 왼뺨을 대라고 하셨고, 자신을 잡으러 왔던 대제사장의 종 말고의 귀를 잘랐던 베드로의 행동을 혼내셨지. 평화와 화해의 종교인 기독교의 가르침과 전쟁은 정반대라고 할 수 있어.

두 번째, 북한 정권이 붕괴되면 북한은 무정부 상태가 될까? 아마 중국과 러시아라는 존재가 북한 정권을 안정화한다고 할 거야. 중국 입장에서는 북한이 있어서 미국 진영과 국경을 맞대는 일을 피할 수 있었는데 북한 정권이 급격하게 무너지면 그 공백을 그대로 둘 수 있을까? 중국에게 중요한 개념이 '하나의 중국'이야. 조선족은 남한과 북한과 같은 언어를 사용해. 북한에 지정학적인 변화가 중국에게는 '하나의 중국'을 해칠 수도 있는 큰 위협으로 인식되겠지. 그렇다면 중국은 북한의 혼란에 깊숙이 개입할 수밖에 없어.

세 번째, 남한과 북한이 자유롭게 왕래하게 되는 거야. 남한과 북한의 국경을 유럽처럼 희미하게 만드는 거지. UN에 등록된 두 국가가 통일될 수 있는 방식은 북진 통일이나, 흡수 통일일 수가 없어. 두 나라의 경계가 허물어지고 몇 세대가 지난 후에 통일이 논의될 수 있는 거지.

내 생각에 답은 하나밖에 없는 것 같아. 그런데 교회에서는 민족 통일을 위해서 기도는 하지만 그 방식을 고민하지는 않아. 오히려 교회는 '레드 콤플렉스'를 퍼트리는 곳에 가깝지. 우리가 땀을 흘리고, 설득하고, 여론을 형성하고, 기독교 가치를 말하고 설득하는 데에는 관심이 없어.

기도의 양을 어느 정도 쌓아야 하나님이 들어주신다고 생각하는 교인들이 많아. 그런데 이것을 더 적나라하게 말하면 내가 생각하는 기도를 여러 번 하면, 즉 정성을 채우면 하나님이라고 불리는 신이 나에게 굴복하게 된다는 거잖아. 구호를 외치고, 그 구호를 위하여 내가 생각하는 수준의 사람들을 모으고, 그 사람들이 모여서 내가 생각하는 수준의 에너지 레벨로 소리 지르고, 그곳에 뜨겁고 간절한 분위기가 형성되면 하나님이 우리에게 굴복하실 거라고 믿는 거지.

그런데 기도는 하나님의 뜻을 알고 행하는 통로여야 해. 하나님이 우리에게 자신의 뜻을 성경을 통해서 이 시대에 계시하시면 그 뜻을 행하기 위해서 우리는 기도하는 거야. 인간의 뜻과 하나님의 뜻에는 아주 큰 간극이 있어. 그 간극만큼 우리에게는 어려운 일이니, 하나님에게 기도하며 그 뜻을 행할 수 있게 해달라고 해야 해.

민족 통일을 위해서 기도한다면, 통일을 위한 하나님의 뜻이 무엇이고, 그 뜻을 이루어 갈 방법은 무엇이고, 이 시대에 걸림돌은 무엇이고, 우리는 어떤 이야기를 전하고, 어떤 소리를 내야 하는지를 구해야 해. 그 전체가 우리가 해야 할 몫이거든. 또한 이런 큰 아젠다는 개인 삶에 대한 고민을 지우는 역할을 하지. 정치에서 사용되는 '프로파간다' 역할을 하는 거야. 사람들을 설득하고, 한 진영에서 사람들을 이용하기 위해서 어떤 주제를 선전하고 선동하는 역할을 하거든. 그렇게 되면 사람들은 '나'와 '이웃' 그리고 '일상'에 대한 고민을 하지 않아. 오직 그 프로파간다가 이루어지고 있는가, 형성되고 있는가에 대해서만 관심을 두게 되지.

민족 통일, 세계 선교, 다음 세대라는 주제는 대형 교회 혹은 대형 교회가 되고 싶은 교회의 프로파간다라고 생각해. 개인 삶에 대한 고민보다는 교회가 나아가야 하는 방향에만 집중하는 거지. 기독교적 가치를 가지고 어떻게 살아야 하는지에 대한 고민이 아니라 교회가 한마음 한뜻으로 뭉쳐서 생긴 에너지로 교회 성장에만 초점이 맞춰지게 되는 거야. 결국 교회가 정치 집단화, 이익 집단화, 정치 진영화가 되게 만드는 것이지.

교회에서 흔하게 사용되는 문장에 '개인의 삶'이 배제된 경우가 참 많아. 민족 통일, 세계 선교, 다음 세대는 이론에 여지가 없어. 다 좋은 거지. 가슴을 뜨겁게 하고, 한 방향으로 소리치게 할 수 있고. 그런데 개인의 삶은 너무 복잡해. 명쾌한 답이 없어. 딱 잘라 내어서 어디부터가 정의고 어디부터가 불의라고도 할 수가 없어. 이해관계도 다르고, 이해가 충돌하는 지점도 다르지. 그래서 개인의 삶은 고민과 토론과 대화가 중요해. 함께 대화하면서 결론을 찾아가는 방식일 수밖에 없어. 외침만으로 되지 않는 게 '개인의 삶'이야. 교회는 그게 불편한 것이고. 현실 교회에는 극장화된 예배당에서 가장 높은 데 선 한 사람이 외치는 말에 모두가 동의하기를 바라는 속성이 있어. 한 명의 목사가 얼마나 많은 대중을 자기 삶에 대한 고민이 아니라 교회가 던져 주는 '아젠다'로 끌고 올 수 있느냐가 중요해져 버린 거야.

최근에는 교회에서 "주님을 바라보라"라는 말을 참 많이 사용해. 정말 좋은 말이지. 결국 주님을 바라보는 것이 신앙이고! 그런데 개인의 삶에서 하나님의 뜻을 행하기 위해서 주님을 바라보는 것이 무엇인지는 말하지는 않아. "주님을 바라보라"고만 말하지.

법관이, 언론인이, 교사가, 기업인이, 목사가, 주부가 각자의 삶에서 주님을 바라보는 것이 무엇인지, 주님께서 하나님 나라의 뜻을 나를 통해서 어떻게, 무엇으로, 어떤 방식으로 이루실지 기대하고 구하는 것에 대해서는 말하지 않아. 대중을 한마음으로 엮어 낼 수 있는 지점까지만 말하고, 그 말을 하는 자에게 집중하게 만들고 있는 거야. 성도도 그 안에 있을 때에는 마음이 뜨거운데, 현실의 삶에서는 공허함을 느낄 때가 많아.

내 삶에 부딪히는 문제를 신앙으로 바라보지 않아. 민족 통일, 세계 복음화, 다음 세대 부흥 이런 말들이 다 좋게 들리지만, 거대한 이야기 속에 있다 보면 내 삶의 욕망에 대한 고민이 사라져. 그래서 이런 말들이 위험한 거야. 정치인이 거대한 아젠다를 던져서 삶의 문제를 생략하는 것과 같은 원리지.

사람들을 선동하는 데 필요한 두 가지는 허황된 꿈과 막연한 두려움이야. 정치에서도 늘 사용하는 방법이지. 인간의 뇌는 대부분이 감정을 제어하는 데 사용하기 때문에 사람에게 이성, 논리로 설명할 필요가 없어. 사람을 불러 모으기 위해서는 결국 허황된 꿈과 막연한 두려움으로 감정 충족을 해주면 되는 거야.

부흥회에서 이런 거대한 주제를 이야기하더라도 너는 네 삶에 대한 문제에 더욱 집중하고 하나님에게 나아가 보도록 해.

난 이런 이야기
처음 들어

형, 교회에는 이렇게 말하는 사람이 꽤 많아.
"저는 성경만 봅니다!"
"저는 성경 n독했어요!"
그러면서 꼭 덧붙이지.
"성경은 있는 그대로 믿어야 합니다!"
그런데 과연 이게 가능한 건지 의문이 들어.
또 이렇게 하는 게 맞는지도 모르겠고.

8
"성경은 있는 그대로 믿어야 합니다!"

유명한 말이 있잖아. 이 세상에서 가장 용감하면서 무식한 사람은 책 한 권만 읽은 사람이라고. 이것이 신앙에서도 적용될 수 있지.

책을 한 권만 읽었다고 하는 건, 나는 다른 주장이나 다른 해석은 들어 본 적이 없으니 잘못된 것이라고 생각한다는 선언이잖아. 앞에서 이야기했듯이 우리는 '스스로 하나님이 되고자 하는 죄인'이기 때문에 자신의 말에 권위를 얻고 싶어 해. 이건 인간의 본능이지. 그런데 신앙생활을 하면서 어떤 사람은 성경을 많이 읽은 것으로, 어떤 사람은 기도를 많이 한 것으로 이런 '말의 절대성'을 갖고 싶어 해.

그런데 몇 가지만 생각해 봐도 허점이 얼마나 많은지 알 수 있어. 자기는 성경을 있는 그대로 믿고 말씀을 그대로 따른다고 말하는 사람들이 왜 일요일에 주일 예배를 드리고, 예배 후에 돼지고기를 아무렇지도 않게 먹는 걸까?

성경에서 안식일은 금요일 저녁부터 토요일 저녁까지야. 그런데 코로나 때는 주일성수를 외치면서, 국가가 주일 예배를 못 지키게 한다고 말했잖아. 율법에서 돼지고기를 금하고 있고, 특히 이사야 65장 4절에는 돼지고기를 먹는 부정한 백성을 기록하고 있어. 그러니까 성경을 읽는 사람은 돼지고기를 먹어서는 안 되고, 교회 식사로 돼지고기가 나오는 건 말도 안 되는 거 아닌가?

고린도전서 11장 5, 6절을 보면, 기도할 때 여자들은 머리를 밀거나 수건을 쓰라고 했어. 그런데 개신교회에서는 여자들이 이런 걸 지키며 예배드리지 않지. 찜질방에서 하는 양머리라도 해야 하는데……. 에베소서 6장 5-9절에는 종과 상전에 관한 이야기가 나오는데, 이런 건 어떻게 말씀 그대로 받아들일 수 있을까? 또 우리나라에서는 교회 다니는 사람이 저지르는 대표 중범죄가 '술과 담배'야. 그런데 술 마시지 말라는 것과 담배를 피우지 말라는 건 어떤 성경 말씀을 근거로 주장을 하는지 도통 알 길이 없어.

자신이 성경을 있는 그대로 믿고, 성경을 여러 번 읽었기 때문에 자신이 말하는 게 맞다고 주장하는 건 '지배욕'을 성경을 이용해 나타내는 것이라고 할 수 있어. 보고 읽고 말하는 그 과정에는 반드시 '해석'이 있기 마련이지. 우리가 성경 말씀을 읽을 때, 글자만 보는 게 아니라 해석을 하면서 읽는 거야. 사람은 '해석'이라는 행위를 하는 존재야. 기독교인들은 하나의 해석을 가진 성경을 읽는 사람이야. 확신이나 해석 없이 단순히 성경을 읽은 횟수만으로 특별한 능력자가 되는 건 아니야.

무엇보다 성경이라는 책도 '여러 면에서 해석된 책'이야. 대표적인 예가 신명기 34장 4-6절에 나오는 모세의 유언이야. 모세가 묻힌 곳을 '오늘날'까지 알지 못한다고 기록되어 있어. 모세가 저자인데, 모세가 죽었다는 기록을 남긴 것도 이상하고, 모세가 묻힌 곳을 '오늘날'까지 알지 못한다고 하는데, 분명한 건 그 오늘날이 출애굽 시대는 아니잖아. 성경은 이미 그 안에서 해석되어 우리에게까지 전승되고 있는 거야. 그 '오늘날'은 바로 바벨론 포로기 때를 말하는데, 사람들이 성경을 살펴보면서, 하나님 나라 백성인 자신들이 왜 이방신을 섬기는 나라에서 종살이를 하고 있는지를 생각하면서 기록한 것으로 보여.

남유다의 역사를 다룬 책인 사무엘상하와 열왕기상하를 하나로, 역대상하를 하나로 볼 때 이 둘의 해석에는 차이가 크다는 걸 알 수 있지. 하나님의 역사와 신실하심에 초점을 맞춘 사무엘상하와 열왕기상하에서는 사람들의 실패와 어리석음과 죄악에 대해서 여실히 밝히고 있어. 그런데 다윗의 혈통으로 오시는 메시아를 향한 내용이 담긴 역대상하에서는 남유다의 죄악을 깊이 드러내지는 않아. 이건 이미 성경 안에서 해석의 입장이 다른 책들이 있다는 소리지. 또 우리에게는 구약을 해석한 신약이 있어. 구약에 메시아로 예언된 그분이 '나사렛 예수'라고 해석을 한 거야. 그 결과 우리는 예수를 그리스도(메시아)라고 부르는 것이고.

성경에서 가장 감사하고 놀라운 하나님의 역사라고 볼 수 있는 것은, 예수님에 대한 기록이 사복음서에 기록되어 있다는 거야. 예수님이 행하신 사건과 말씀을 각 공동체에 따라서 다양하게 해석하였다는 것을 성경을 통해서 알려 주신 사건이지. 마태복음, 마가복음, 누가복음, 요한복음이라는 표현보다는 영어 성경의 표현대로 마태에 의한 복음, 마가에 의한 복음, 누가에 의한 복음, 요한에 의한 복음이라고 '해석'하면 좋겠어. 성경은 성령의 일하심과 능력 안에서 참 하나님과 그의 아들이 우리에게 영생을 주시는 분이라는 걸 알려주는 데 부족함이 없지. 성경은 다음과 같은 과정을 통해서 기록되었고 우리에게 전달되었어.

'원래 공동체 – 원래 공동체의 문제 – 하나님의 말씀이 저자에게 – 저자가 원래 공동체에게 권면 – 원래 공동체의 반응' 여기까지가 성경이 기록된 과정이라면, 그 성경을 읽는 우리에게는 '우리의 문제 – 하나님의 말씀이 나에게 – 나의 해석' 혹은 '우리의 문제 – 하나님의 말씀이 설교자에게 – 설교자가 우리에게 권면 – 공동체의 해석 – 나의 해석'이라는 과정으로 성경이 전달되는 거지.

이 모든 과정에는 다 해석이 있어. 그렇기 때문에 설교자는 반드시 성경을 해석할 때 이런 흐름을 따라가면서 해야 해. 이것을 모두 무시하고 자신은 성경을 있는 그대로 믿는다고 말하는 건, 사실 속마음의 표현이야. '나는 내 마음대로 성경을 읽어!' 혹은 '내가 하는 말이 곧 성경이야!' 설교자도, 성경을 읽는 사람도 성경을 읽을 때는 '원래의 저자'와 '원래의 독자'에 대한 관심을 가져야 해. 그 말씀을 받은 첫 공동체는 어떤 상황에 처해 있었고, 어떤 갈등이나 시험이 있었는지, 그들을 향하여 성령의 감동으로 말씀을 전한 첫 저자는 어떤 배경과 어떤 상황 속에서 전했는지를 찾아야 하는 거야. 목사는 성경을 가르치는 사람으로서 당연히 이것에 훈련되어 있어야 해.

성경에 쓰인 말은 고대어이기 때문에 한 단어에 여러 의미를 포함하기도 하고, 어법과 시제가 지금 우리가 사용하는 것과 다르기도 하지. 다 파악할 수는 없지만 최대한 파악해서 읽으며, 본문이 기록된 그 당시의 삶의 자리에서부터 해석을 시작해 현재 설교 듣는 자들의 삶의 자리까지 오는 과정이 필요한 거야. 성경을 있는 그대로 믿는다고 말하거나, 무작정 성경을 많이 읽으라고 하는 분들은 원래의 독자와 원래의 저자에 관해서 관심이 별로 없는 거야. 그렇게 되면 이른바 비유 풀이, 알레고리 해석을 하게 되지. 그렇게 되면 성경을 읽는 게 아니라, 내가 하고 싶은 말을 성경 단어를 사용해서 말하는 것이 돼. 우리는 그 해석의 과정 사이사이에서 성령께서 우리에게 말씀하신다는 것을 믿을 뿐이야. 그 예로

요한계시록에 나오는 짐승의 숫자 666이 베리칩일 수도 없고, 바코드일 수도 없지. 사도 요한이 원래의 독자와 원래의 저자를 벗어난 2,000년 후에 우리만 알 수 있는 말씀을 했을 리 없잖아.

요한계시록은 소아시아의 일곱 교회에 전해진 사도 요한의 편지야. 원래의 독자들은 소아시아의 일곱 교회이고, 원래의 저자는 사도 요한이지. 로마 황제인 도미티아누스가 미쳐서 모든 그리스도인을 박해하고 있을 때 요한이 소아시아의 일곱 교회를 위로하기 위해서 보낸 편지가 요한계시록이잖아. 가족들이 사자의 밥이 되고, 함께 믿음 생활했던 사람들이 조롱거리가 되어 죽음을 맞이하게 돼. 로마 황제는 마지막으로 남은 스승인 사도 요한을 밧모섬에 유배시켜 굶어 죽게 하여 그 시신을 짐승들이 파먹는 모습을 성도가 보게 하고 싶었어.

성도의 눈에 보이는 로마 황제가 눈에 보이지 않는 예수님과 비교할 수 없는 힘을 가진 존재라는 것을 성도에게 말하고 싶었던 거야. 그 과정에서 성도의 울분과 무기력과 두려움에 대하여 사도 요한이 편지를 보낸 거야. 이 모든 역사의 주인이신 하나님이 마지막에 어떻게 영광스럽게 우리에게 나타나실지 위로하는 내용이 담겨 있어. 이러한 요한계시록을 원래의 독자와 원래의 저자를 벗어나서 해석하고자 하는 게 이단이고, 사교(邪敎)이고, 잘못된 가르침이지. 요한의 편지를 받아 든 당시 성도는 지금 죽겠는데, 당장 하나님의 말씀 한 조각이 필요한데, "너네는 알아서 하고, 이건

2,000년 이후의 사람들에게 알려 주려고 쓴 내용이야" 이러면 그들은 얼마나 성질나겠어?

원래의 독자는 원래의 저자가 하는 말을 전부 알아들었지. 그들이 충분히 이해할 수 있는 언어와 단어를 썼으니까. 그래서 말할 수 없는 고난 중에 있던 소아시아의 일곱 교회 성도는 요한계시록을 보면서 영광의 주님을 바라보고 기대할 수 있었던 거야. 수많은 이단, 시한부 종말론, 한국 교회에 반복되는 전쟁 심판설, 혹은 건강하지 않은 사교적인 교회는 성경에 원래의 독자와 원래의 저자가 없는 것처럼 말하고 가르쳐.

교회에서 단지 성경을 읽은 횟수를 강조하는 것도 많이 아쉽지. 성경을 원래의 독자와 원래의 저자로부터 읽어 가는 공부를 하기보다는 무작정 많이 읽으면 문제가 해결된다는 말을 하게 돼. 우리 안에 있는 불안을 달래기 위하여 "성경을 많이 읽고 오래 읽는 것이 중요하다"라고 말하는 모습이 많아. 우리는 다 불안한 존재이기 때문에 그 불안함을 달래기 위해서 성경을 무작정 많이 읽기만 하면 된다고 말하는 건 참 아쉬운 일이야.

또 하나의 문제는 성경을 읽은 횟수가 타인을 향한 지배 형태로 나타나게 된다는 거야. 해석 없이 글을 읽을 수 있다는 건 불가능해. 모든 글은 독자를 통해서 재해석되는 게 당연한 거야. "성경 n독 했습니다." "저는 성경만 봅니다!" 이런 말들은 신앙을 좋아 보이게 만드는 오염된 언어인 거야. 사실은 죄의 본질을 도드라지게 해주는 말이지. 성경을 절대적인 위치에 올려 두는 그 사람이 실은 절대자가 되고 싶은 거야.

우리는 성경을 해석하면서 읽는 것이고, 교회 공동체는 그 공동체마다 성경을 해석하는 방식이 있는 것이고, 목사는 그 해석을 배우는 훈련을 하는 거야. 신학교에 가면 성경을 많이 읽는 게 아니야. 신학교에서 어떻게 성경 자체를 안 배우냐고 하는데, 이건 참 안타까운 이야기지. 신학교에서는 성경을 해석한 역사를 배우고, 해석하는 다양한 입장을 배우게 돼.

성경을 시대와 역사와 문화에서 어떻게 해석했는지, 성경 안에서 성경은 어떻게 해석되었는지, 주제별로 성경은 어떻게 해석될 수 있는지, 실천 맥락에서는 성경을 어떻게 해석해야 하는지를 배우는 거야. 그래서 목사는 그 훈련된 해석으로 설교하는 것이고. 신기한 건 목사도 "난 있는 그대로 성경을 믿어요!"라고 말하는 것이 더 카리스마 있고 능력 있다고 생각하는 거야. 또 성도도 "우리 목사님이 성경을 있는 그대로 믿으시는 분"이라고 말하면서 자랑스러워하기도 해.

이런 표현도 조심해야 해. "하나님이 나에게 이 말씀을 열어 주셨다!" "하나님이 이 말씀을 비로소 깨닫게 해주셨다!" "이 말씀을 나에게 풀어 주셨다!" 이 말 뒤에 숨은 그 사람의 '지배욕'을 볼 수 있어야 해. 안타까운 건, 교회가 성도에게 '성경을 해석하는 방법'을 알려주고 '성경을 함께 해석하는 공동체'가 되어 주지 못한다는 점이야. 그 자리를 대신한 게 '구호'와 '슬로건'이지. 어떤 한 가지를 주야장천 주장하게 만드는 것이 교회가 되어 버렸어. 그래서 글을 통해서 사고를 해야만 하는 교회가 비상식, 비이성 집단으로 보여질 뿐만 아니라 성도란 예수님의 제자보다는 어느 교회에 속한 사람이 되어 버렸지.

많이 알수록 사람은 겸손해진다고 믿어. 성경을 많이 알수록, 하나님에 대해서 많이 알수록 겸손해질 수밖에 없어. 자신이 부족하다는 사실을 끊임없이 경험하게 되거든.

성경을 있는 그대로 믿는다고 하면서 목소리를 높이는 사람은 늘 조심해야 해. "주님이 나에게 열어 주셨다. 나에게 특별히 깨닫게 해주셨다." 이런 말을 버릇처럼 하는 이들도 조심해야 하고. 이들은 하나님에게로 사람을 이끌고 싶은 게 아니라 자기 말의 절대성을 갖고 싶은 거야. 겸손하게 성경을 대하고, 진지하게 성경을 해석하고, 자신의 해석을 공동체 안에서 분별받으며 나아가는 사람이 성경을 바르게 읽는 사람이야.

형, 예전에 수련회에 가서
"breakthrough"라는 말이 크게 쓰인
현수막이 앞에 떡하니 붙어 있는 걸 봤어.
그러면서 기도할 때 계속 돌파하고, 파쇄하고, 뛰어넘으래.
과연 기도는 내가 돌파할 수 있는 영역인가?
에너지 레벨을 높여 소리 지르면
뭔가 이루어지는 거야?

> **9**
> "기도, 돌파하고 파쇄하고 뛰어넘어라!"

종교의 형태에는 크게 세 가지가 있다고 생각해. 첫 번째는 샤머니즘이야. 이건 신이라는 존재가 있지. 그런데 그 신은 나의 정성에 따라서 그 뜻을 바꾸는 존재야. 성경에 몰렉신이 등장하는데 이 신은 맏아들을 바치면 위기를 벗어나게 해주는 신이야. 농경 시대나 가문에 군대를 두어야 하는 시대에 맏아들만큼 귀한 존재는 없지. 그 맏아들을 드릴 정도의 정성이면 신이 위기를 벗어나게 해준다는 거야.

두 번째는 범신론이야. 내가 득도하거나 어떤 신비한 현상을 체험하면 신적 존재가 될 수 있다는 거야. 신의 이름은 다르지만 결국에 나라는 존재가 어떤 종교 행위를 통해서, 초월적인 경험을 통해서 신적 존재가 된다는 믿음이야. 범신론 세계관을 가진 그리스 지역의 신앙이 이런 거였지. 아르테미스 신전에서 드렸던 예배가 이런 거였어.

세 번째는 유일신이야. 여기에서 중요한 것은 당연히 절대자의 뜻이지. 절대자의 의지야. 우리는 유일신 종교야. 하나님이 창조주이고, 우리를 부르신 분이라고 믿지. 또한 하나님은 자신의 백성에게 자신의 뜻과 의지를 계시하셨다고 우리는 믿어. 그런데 재미있는 건. 우리가 하는 기도는 유일신을 믿는 자의 모습이 아니라는 점이야. 절대자의 의지와 뜻이 무엇인지를 알려고 하지 않거든.

절대자가 있는 종교에서 기도는 절대자의 의지와 뜻을 아는 게 핵심이고, 하나님이 우리에게 말씀하신 그 뜻을 행하려고 애써야 해. 하지만 그렇게 행하는 게 만만치 않지. 그래서 우리는 그 만만치 않은 큰 간격을 메우기 위해 기도하는 거야.

데살로니가전서에 명확하게 '하나님의 뜻'이라고 표현한 말씀이 있어.

> 하나님의 뜻은 이것이니 너희의 거룩함이라 곧 음란을 버리고 각각 거룩함과 존귀함으로 자기의 아내 대할 줄을 알고 하나님을 모르는 이방인과 같이 색욕을 따르지 말고 이 일에 분수를 넘어서 형제를 해하지 말라 이는 우리가 너희에게 미리 말하고 증언한 것과 같이 이 모든 일에 주께서 신원하여 주심이라(살전 4:3-6).

하나님의 뜻은 거룩함이야. 그 거룩함은 존귀하게 자기 아내를 대하고, 세상 사람처럼 성적 욕망을 따르지 않고, 타인에게 해를 가하지 않는 삶이야. 하나님의 뜻은 명확하지. 우리가 기도해야 하는 내용은 돌파가 아니라 하나님의 뜻을 이 땅에서, 현실에서 이루게 해달라는 기도야. 또 있어.

> 항상 기뻐하라 쉬지 말고 기도하라 범사에 감사하라 이것이 그리스도 예수 안에서 너희를 향하신 하나님의 뜻이니라(살전 5:16-18).

여기에서도 하나님의 뜻을 명확하게 이야기하지. 항상 기뻐하고, 쉬지 말고 기도하고, 범사에 감사하라는 것이 하나님의 뜻이야. 그 뜻을 행할 수 있도록 기도하는 거야. 예수님이 말씀하신 내용을 보면 더 명확해져.

> 그러므로 염려하여 이르기를 무엇을 먹을까 무엇을 마실까 무엇을 입을까 하지 말라 이는 다 이방인들이 구하는 것이라 너희 하늘 아버지께서 이 모든 것이 너희에게 있어야 할 줄을 아시느니라 그런즉 너희는 먼저 그의 나라와 그의 의를 구하라 그리하면 이 모든 것을 너희에게 더하시리라 그러므로 내일 일을 위하여 염려하지 말라 내일 일은 내일이 염려할 것이요 한 날의 괴로움은 그날로 족하니라(마 6:31-34).

이방인이 구하는 기도, 즉 하나님을 알지 못하는 사람이 구하는 기도, 앞에서 말했던 샤머니즘과 범신론에서 말하는 기도는 내게 부족한 것을 신이 알지 못하니 내 모든 노력과 정성을 그 기도에 담아 신이 알 수 있도록 하는 기도인 거야. 그런데 하나님의 백성이 드리는 기도는 하나님은 우리를 잘 아시고, 우리의 필요를 아시고, 나의 머리카락 수까지 아시는 분에게 드리는 기도야. 내 삶을 돌보시고 헤아리시는 하나님을 믿으면서 하는 기도지. 그렇기 때문에 우리 기도는 하나님 나라와 그의 의를 구하는 기도가 될 수 있어. 하나님의 뜻을 이 땅에 이루기 위한 기도가 되는 거야. 우리가 이 땅에서 먹고 살아야 하기 때문에 이 세상의 법칙과 질서를 따를 수밖에 없지. 그런데 그 속에서 우리가 하나님 나라를 이루며 살아가는 삶이란 참 어렵고 하나님 나라의 삶과 세상의 삶은 간격이 너무나 크지. 그 간격만큼 기도가 필요한 거야.

성경에 기도자에 의해서 하나님이 뜻을 정하시고, 뜻을 행하시는 일이 나올까? 대표적으로 히스기야가 떠오르지. 이사야 38장에서 히스기야는 두 가지 기도 응답을 받게 돼. 첫 번째는 앗수르의 공격을 막아 낸 것이고, 두 번째는 자기 죽음이 15년 미뤄진 것이야. 둘 다 극적인 장면으로 소개돼. 여기까지 보면 이 이야기에서 전달하고자 하는 메시지가 벽을 보며 울거나, 옷을 찢으며 기도하면 하나님이 응답하신다는 것 같지. 그런데 39장에는 바벨론 사절단이 병든 히스기야를 찾아오는 내용이 나오는데, 그때 히스기야는 자신의 동지에 대해 자랑을 해. 그때 하나님이 "보물이 남김없이 바빌론으로 옮겨 갈 것이다. 너에게 태어날 아들 가운데서 더러는 포로로 끌려가서 바빌론 왕궁의 환관이 될 것이다"(사 39:6-8 참조)라는 말씀을 하셔.

히스기야 이야기는 기도자인 히스기야의 간절함, 진정성, 노력과 정성에 따라서 하나님이 뜻을 바꾸시는 분이라는 사실을 알려 주려는 것이 아니야. 오히려 그 기도자의 오만함과 교만함을 경고하는 이야기지.

히스기야는 하나님이 자기 뜻을 따라 주는 분으로 착각하고 있었던 거야. 온갖 자기 자랑으로 바벨론 사절단을 맞이하는 모습만 봐도 그래. 기도하는 나, 혹은 기도 응답을 받은 내가 하나님보다 더 커 버린 히스기야였던 거야.

하나님에게는 애초에 앗수르에 의해서 남유다를 멸망시킬 계획이 없으셨어. 이스라엘은 때로는 앗수르에, 때로는 애굽에 의지하며 살았어. 하나님은 남유다가 의지하였던 앗수르도, 애굽도 심판하시고, 또 그와 동시에 남유다도 심판하시는 것으로 하나님 외에 의지할 대상이 없음을 알려 주려고 하셨어. 그렇게 하나님이 선택하신 카드가 바벨론이었지.

히스기야가 기도했기 때문에 앗수르가 멸망한 게 아니야. 이미 하나님의 뜻이 거기에 있었던 거지. 히스기야가 기도하면서 그 하나님의 뜻을 경험하게 된 거야. 히스기야가 죽는 시간이 15년 지났다고 해도, 결국 죽음을 면할 수는 없었어.

성경에 나타나는 기도는 이런 모습이야. 하나님의 뜻을 한 사람에게 알게 하시지. 그리고 하나님의 뜻을 알게 된 그 사람이 괴로워해. 자신은 그럴 수 없다고! 그럼에도 순종하기 위해 기도하고, 결국 순종해서 하나님의 뜻이 실현되는 걸 경험하게 돼.

그렇다면 왜 교회에서는 이런 모습으로 나타날까?

나는 다시 우리 죄성에 관한 이야기를 하고 싶어. 우리 죄는 '스스로 하나님이 되고자 하는 죄'야. 그 죄는 타인을 향해 '지배욕'으로 나타나지. 이 죄성에 대한 이해가 없으면 우리가 신앙생활을 하면서도 우리 죄성이 그대로 나타나게 돼. 돌파하고, 파쇄하고, 뛰어넘는 기도를 한다는 건, '내'가 중요하다는 걸 의미해. 내가 하는 기도 퍼포먼스가 기도에 결정적 요소라고 생각하는 것이지. 그러니까 기도를 오랫동안, 많이 하려고 하는 것이고, 기도 중에 신적 체험을 하거나 특별한 집단에서 하는 기도에 몰두하며 동참하게 되는 거야. 기도의 대상보다 내가 더 중요해지면서 말이야. 다시 말해, 기도라는 종교 행위는 스스로 하나님이 되고자 하는 욕망을 채우는 역할을 하게 되는 거지. 결국 "하나님 꼼짝 마!"라는 어처구니없는 말이 나오게 되는 거야.

기도하는 사람에게 지배욕이 나타나는 모습을 예로 들면, 기도하다가 떠오른 생각을 "하나님이 나에게 특별히 말씀하신 내용이야"라고 말하면서, 상대방을 자신에게 영적으로 종속시키고자 하는 모습이야. 혹은 기도하는 양이나, 횟수나, 기도회의 참석 여부에 따라 이른바 '영빨'이 다르다고 표현하기도 하지.

이들의 기도는 대부분 현실의 문제에서 벗어나 있어. 돌파하고 파쇄하고 뛰어넘는 기도는 가상 현실에서나 하는 기도인 거야. 만약에 이들이 통일을 위해서 돌파하는 기도를 하자고 해. 그런데 통일을 위해서 돌파하는 기도는 무엇일까? 기도하면 하나님이 통일을 즉각 이루어 주시는 건가? 그럴 수가 없지. 통일과 평화라는 하나님의 뜻을 알고 있는 사람이라면 그 뜻을 실천하기 위해서 기도하는 거야. 이 땅에는 여전히 레드 콤플렉스가 있고, 이념으로 양분된 사회가 있어서 통일과 평화를 이루는 그 하나님의 뜻은 현실과 거리가 멀어. 그렇기 때문에 우리는 기도하면서 그 간격을 메우기 위해서 살아가야 하는 거야. 그러다가 어떤 특별한 일, 생각지도 못한 일로 통일이 급속도로 이루어질 수도 있지. 그러면 우리는 하나님이 통일을 이루시고 역사를 운행하셨다는 걸 알게 되는 거야. 다음 세대를 위해서, 세계 선교를 위해서, 민족 복음화를 위해서 돌파하고, 파쇄하고, 뛰어넘기만 하는데, 안타깝게도 이런 부류의 기도는 온통 비현실적이야.

자신이 사용하는 언어가 자신으로 인한, 자신이 가진 무언가를 근거로 한 자신의 특별함, 우월성, 자랑거리가 된다면, 아직 거듭나지 못한 그리스도인인 거야. 자신이 사용하는 언어에 하나님으로 인한, 하나님의 뜻을 근거로 한 애통함과 간절함이 있다면, 그가 바로 거듭난 그리스도인인 것이지.

그래도 네가 이해하기 어렵다면, '기도는 자기 부인을 위하여 하는 것이다'라고만 이해해도 충분해. '기도를 통해서 나에게 특별히 알게 해주셨다.' '기도를 통해서 나에게 특별히 열어 주셨다.' '기도를 통해서 나를 특별하게 해주셨다.' 이 모든 말은 헛소리야. 정말 하나님이 그에게 그런 일을 행하셨다면, 그리고 그가 진짜 살아 계신 하나님, 창조주, 시간의 시작과 끝인 분을 통해서 그런 경험을 했다면, 그 사람에게는 자기 부인의 모습이 나타날 수밖에 없겠지.

예수님이 제자들에게 설명하신 믿음이라는 것은 결국 '자기를 부인하고, 자기 십자가를 지고 주님을 따르는 것'이었어. 그런데 기도를 통해서 자기를 부풀리고, 기도를 통해서 다른 이에게 십자가를 짊어지게 하는 것은 기독교가 아니야. 샤머니즘과 범신론 그 어딘가에 있는 신앙을 기독교 용어로 하고 있는 것이지.

기도하는 사람은 자기를 부인하는 사람이야. 자기를 부인하기 위해서 돌파하고, 파쇄하고, 뛰어넘으면 인정! 나를 하나님으로 삼은 그 위치에서 내려오게 하는 것이 기독교 신앙이지, 어떤 종교 언어로라도 나를 하나님의 위치까지 오르게 하는 건 결코 바른 신앙일 수 없어.

골로새서에서 사도 바울은 하나님 나라의 삶에 대해 이렇게 열거하고 있어.

동정심. 친절함. 검손함. 온유함. 오래 참음. 용납. 용서. 사랑을 더함. 평화를 누리고 지킴. 그리스도의 말씀을 따르고, 가르치고, 권함. 감사한 마음으로 찬양함. 모든 말과 행동을 그리스도를 힘입어 함. 아내 된 이들은 남편에게 순종함. 남편 된 이들은 아내를 사랑함. 자녀 된 이들은 부모에게 순종함. 부모 된 이들은 자녀를 화나게 하지 말아야 함. 고객이 있는 사람, 고용된 사람은 고객과 고용주에게 순종하고 그들의 필요를 채움. 서비스를 받는 사람, 고용한 사람은 정당하고 공정하게 그 값을 지불함. 사람의 눈이 없어도 하나님이 나를 보신다고 생각하며 일함.

이 중 어느 것 하나 쉽지 않아. 그렇기 때문에 우리는 기도해야 하는 거야. 허황되고 측정되지도 않고, 내 삶에 부딪히는 문제도 아닌 것으로 에너지를 넘치게 하는 기도를 경계해야 해. 브레이크스루(breakthrough) 할 시간에 골로새서를 읽고, 하나님의 뜻을 따라 살아갈 수 있는 믿음과 용기와 은혜를 달라고 기도하는 것이 더 유익해.

형, 나 우리 부모님 말씀 징그럽게
안 듣는 거 알지?
그런데 교회 다니면서 괴로운 것 중 하나가
목사님에게 순종해야 한다는 말이야.
순종, 질서를 따르는 거, 그래 좋은 거 맞아!
성경에도 '권위에 순종하라'는 말씀이 있잖아.
그런데 교회는 이 말씀을
목사님에게 순종하라는 말과
동일시하며 **악용**하는 건 아닐까?

10

> "권위에 무조건 순종하라!"

우선 너의 놀라운 고백에 깊은 감동을 받았어. 맞아! 우리는 엄마 아빠에게도 순종하지 않는 자들이지. 거기에서부터 이야기를 시작하면 좋겠어. 기본적으로 우리는 불순종에 익숙한 자들이야. 내 생각과 의견에 옳은 대로 행동하고 싶어 하지. 그래서 우리는 리더와 지도자를 인정하는 것도 노력해야만 가능해. 인정에서 더 나아가 그들에게 순종하거나 순응하려면 무척이나 애를 써야만 하지.

순종은 공동체가 안전하게 유지되고 성장하는 데 필요한 일이야. 예를 들어, 위험한 길을 피해 가라는 안내 표지판이 있는데, 그 앞에서 자기 의견에 옳은 대로 한다면 결국에는 큰 피해를 입고,

그 피해를 복구하기 위해서 공적인 자원도 많이 필요하겠지. 코로나19 같은 경우도 사회적 거리 두기나 마스크 착용 의무, 격리 기간 준수같이 공동체가 안전하게 유지되고 성장하기 위해서 반드시 순종해야 하는 규칙들이 있었어. 또 어떤 조직이든 '권위와 규율'이 중요하지. 회사에서도 수평적 관계를 바라지만 '권한과 책임'이 구분되어 있기 때문에 수직적 의사 결정을 할 수밖에 없고, 그에 따라서 순종을 해야 하지.

교회도 일정 규모 이상이 되면 자연스레 조직 문화가 생겨나고, 그 조직을 움직일 '규율'이 생기고, '권한과 책임'이 구분되기 때문에 순종이 필요한 거야. 모두가 자기 하고 싶은 것만 할 수는 없잖아? 해서도 안 되고! 그럼 목사를 생각해 보자. 목사는 교회 전문가지. 교회 운영에 필요한 결정들을 하고, 교회 구성원을 적정하게 이끌어 가며, 어떤 제한 요소나 각 구성원 간의 얽힌 관계도 잘 알고 있어. 이처럼 교회에 관해 가장 잘 아는 사람이지. 기본적으로 교회 안에서는 목사의 말을 잘 들어야 한다고 생각해.

최악의 정치 제도는 '무정부주의'라고 하잖아. 악한 왕이 통치하는 나라보다 '무정부' 상태인 나라가 더 위험하다는 말이 권위의 속성을 잘 보여 주지. '권위에 순종하라는 말씀이 악용될 수 있는가'를 생각하기 위해서는 우선 '악용되는 권위는 무엇일까'를 따져 보아야 해. 누군가에게 권위를 부여하는 건 '권한과 책임'을 가지고 구성원을 '보호'하라는 뜻이야. 권위가 필요한 이유도, 권위가 당위를 가지는 것도 모두 권위 아래 보호가 이루어질 때 할 수 있는 말이야. 구성원을 보호하는 것이 아니라 억압하거나 지배하려는 권위는 악용되는 권위지.

이 세상은 지배 구조를 따르는 세상이기 때문에 대부분 권위에 순종을 잘하는 사람이 많은 보상을 가져가게 되어 있어. 권위에 순종하면 지위를 얻을 수 있고, 이런저런 이익을 얻을 수 있지. 반대로 말하면 내가 권위에 순종할수록 누군가는 심대하거나 회복 불가능한 피해를 얻을 수도 있지. 애초에 그 권위가 내 집단만을 생각하거나 이익 집단이 되어서 불의하거나 불공정한 일을 행하는 경우에는 더욱 그래.

그렇다면 교회에서 구성원을 보호하려는 목적이 아닌, 구성원을 억압하거나 지배하려는 목적으로, 혹은 교회가 이익 집단화가 되어 불의하거나 불공정한 일을 하려는 목적으로 권위를 사용할 때, 우리는 어떻게 받아들여야 할까? 당연히 고민해야겠지. 역설적인 사실은 우리가 알고 있는 '믿음의 사람'은 대부분 '권위에 저항했던 인물'이라는 점이야.

종교 개혁을 한 마르틴 루터는 중세 로마 가톨릭이라는 거대한 권위에 저항했지. 실제로 교회가 왕도 세웠던 시대에 마르틴 루터는 죽음의 위협과 공포를 견디면서 저항했어. 그리고 나서 개신교가 생겼는데, 개신교의 원래 의미는 "프로테스탄트" 즉 저항가, 혁명가라는 의미야.

감리교를 시작한 존 웨슬리는 영국 성공회의 권위에 저항했어. 존 웨슬리는 소외된 사람들에게 설교하러 다녔지. 그리고 광부들이나 길거리의 행인들에게 설교했지. 그런데 영국 성공회는 교회 권위가 실추된다는 이유로 존 웨슬리에게 길거리에서 설교하지 말라고 지시했어. 결국 그는 이에 저항했고, 영국 성공회에서 제명당했지. 존 웨슬리는 이 구원이 사회를 구원한다고 믿었고 결국 경건한 삶의 운동인 감리교 운동을 시작한 거야.

더 놀라운 점은 성경에 나오는 대부분의 인물도 권위에 저항했던 인물이야. 애굽의 바로 앞에 섰던 모세도, 엘리 제사장과 그 아들들 속에 있던 사무엘도, 사울 앞에 섰던 다윗도, 수많은 제사장으로부터 협박과 구금을 당한 예레미야도 모두 권위에 저항했어. 이밖에 이사야, 다니엘, 아모스 등 수많은 구약 인물이 권위에 저항했지.

초대 교회의 신앙 고백인 "주는 그리스도시요 살아 계신 하나님의 아들입니다"라는 말 자체가 자신들은 로마 제국이 아닌 하나님 나라에 속한 자라는, 권위에 저항하는 믿음의 고백이기도 했어. 이들은 하나님의 백성을 보호하려고 하지 않고, 자신들의 배를 채우고자 권력을 사용하고 억압과 착취를 일삼던 모습에 저항한 것이지. 그러면 이들에게 있던 공통된 믿음은 무엇이었을까? 바로 "오직 성경으로"(Sola Scriptura)라고 말할 수 있어. 이 세상의 어떤 권위보다 말씀이 높은 권위를 가진다는 거야. 로마 교황이 역사적으로 주장해 오던 거대한 주장에 맞서며, 말씀에 근거하여 "오직 은혜만으로(Sola Gratia), 오직 그리스도만을 통하여(Solo Christo), 오직 믿음만으로(Sola Fide)" 하나님에게 나아간다는 고백은 그 자체로 사제 주의가 무너졌다는 것을 말하고 있어.

구약 시대처럼 대제사장이 죄를 사해 주면 1년 동안 죄가 없는 상태가 되는 것이 아니라 우리는 각자 대속의 은혜로 인하여 예수 그리스도를 통해서 믿음으로 죄 사함을 얻게 되지. 모두가 자신의 죄를 예수 그리스도와의 관계 안에서 해결받을 수 있는 제사장이라는, '만인 제사장'을 믿는 거야. 따라서 목사이기 때문에 순종하거나, 목사에게 순종해야 벌을 안 받는다거나, 목사에게 순종하면 좋은 일이 생긴다는 말은 모두 진실이 아니야. 그건 사제 주의에 대한 그리움에 불과하지.

목사도 죄인이야. 죄인이라는 말은 스스로 하나님이 되고자 하는 용광로 같은 마음이 있다는 뜻이고, 그런 마음은 언제나 타인을 향하여 '지배욕'으로 나타나게 되어 있지. 목사가 순종을 강조하면서 공동체를 바르게, 옳게 지도하는 것이 아니라 지배욕을 충족하고 싶어 할 수도 있지.

개인은 집단에 들어가면 안정감을 얻기 때문에 그 지배 체계 아래에서 즐거움을 얻기도 해. "목사님 사랑해요"라는 카드섹션을 하거나, 목사님을 기분 좋게 띄워 주는 포즈를 취하면서 사진을 찍는 행동이 일어나는 이유는 한 개인의 지배욕과 집단이 주는 안정감이 합쳐지면서 나타나는 거야.

문제는 이런 현상이 지속될수록, 말씀보다 앞선 권위가 등장하게 된다는 거야. 구성원을 파괴하고, 분열시키고, 다투게 만드는 데도 권위자가 더 중요시되는 일이 발생하고, 구성원에게 심각한 피해와 상처를 주는데도 권위자의 심경 보호를 먼저 생각하는 일이 발생하기도 해. 권위자가 불의하고 불공정한 일을 행하는데도 권위자에게 다 뜻이 있다고 말하고, 심지어 하나님에게서 특별한 계시를 받아서 그 일을 행한다고 말하기도 하지.

권위 문제에 있어서 대표적인 말씀이 로마서 13장 1절이야.

> 각 사람은 위에 있는 권세들에게 복종하라 권세는 하나님으로부터 나지 않음이 없나니 모든 권세는 다 하나님께서 정하신 바라.

이 말씀은 교회와 목사에 대한 말씀이 아니야. 로마 황제 숭배가 가득하던 로마에 살던 기독교인에게 주어진 말씀이지. 예수 그리스도로 인한 하나님 나라가 시작되었음을 믿고, 로마 제국 아래에서 하나님 나라를 살아가는 사람들에게 혼란함이 찾아왔어. 우리에게 생명과 성령의 법이 시작되었는데 대체 이 현실의 세상에서는 어떻게 살아가야 하는지에 대한 의문이 생긴 거야. 그때 사도 바울은 현실 권력과 통치자들에게 그리스도인들은 순종해야 한다고 해. 하나님 나라를 고백하는 자들이 현실 권력과 통치자를 부정하면 더 큰 폭력과 문제가 생길 수 있음을 말한 거지. 믿음을 가졌다고 내전 상황이나, 무정부주의 상태를 추구한다면 이 세상은 훨씬 큰 지옥이 될 수 있거든.

그런데 로마 황제는 숭배의 대상이었어. 로마 황제가 말하는 법을 따르는 건 우상 숭배가 될 수 있는 문제야. 그럼에도 하나님은 왜 이렇게 말씀하셨을까? 그건 모든 권력은 하나님 아래에 있다는 말씀을 관통하는 신앙 고백 때문이야. 하나님이 이 세상에 펼쳐 두신 선한 일과 양심이 있기 때문이고, 그 땅을 살아가는 모든 사람, 즉 민족, 종교, 성향, 이념을 떠나서 모두가 보편타당하게 주장할 수 있는 선한 일과 양심이 있기 때문에 우리는 현실 권력과 통치자를 인정해야 해.

그들이 '선한 일'과 '양심'을 저버리는 일이 있다면 하나님은 그 권력을 사라지게 하실 거야. 앗수르와 바벨론과 헬라 제국처럼. 그런데 이 말씀은 왕정 시대 말씀이야. 이 말씀을 우리 시대에 맞게 '해석'해야 해. 대한민국은 군주제 국가가 아니지. 공화제 국가이고 민주주의 국가이고, 법치주의 국가로 이 현실에 맞게 재해석해야 해.

헌법에 우리나라의 권력은 국민에게서 나온다고 되어 있어. 우리나라의 최고 권력자는 '국민'이야. 그 국민이 헌법이라는 가치와 질서에 따라서 법률을 만들고 그 안에서 살아가고 있는 거야. 우리나라는 대통령, 국회의원, 고위 공직자 모두 최고의 권세인 헌법으로 국민의 권한이 위임된 사람들이야. 즉, 오늘 대한민국을 살아가는 그리스도인에게 로마서 13장은 이렇게 읽혀야 하지.

> 우리는 모든 권세에 순종해야 합니다. 우리는 대한민국의 모든 헌법과 법규를 잘 지켜야 합니다. 그 헌법과 법규 안에서 선한 일을 도모해야 하고, 양심을 따라 살아가야 합니다. 또한 하나님 아래에 권세가 있고, 그 권세 아래에 지도자들이 있음을 알고, 그 지도자들이 헌법과 법규를 어긴다면, 그들이 헌법과 법규를 지키지 않고 선한 일을 도모하지 않으며 양심에 거스르는 행동을 한다면 그 지도자들에게 그들이 권세 아래 있음을 알게 해주고, 하나님 아래에 있음을 알게 해주어야 하는 책임이 그리스도인, 교회에 있는 것입니다.

'내가 목사에게 순종해야 하는가'보다 중요한 질문이 있어. '내가 속한 교회라는 집단은 구성원을 보호하고, 정의를 추구하는 곳인가'라는 질문이지. '선한 일을 도모하고, 각자의 양심에 따라 행동할 수 있게 하는 곳인가'를 질문해야 하지. 이건 내가 속한 국가나 내가 속한 직장에서도 동일하게 해야 하는 질문이야. 우리는 살아 계신 하나님이 최고 권위를 가진 분임을 믿기에 이와 같은 삶을 살아가는 거야.

권위의 문제는 쉽지 않아. 우리도 누군가를 지배하고 싶어 하고, 우리도 내 말에 사람들이 움직이는 것을 보고 싶어 하거든. 이런 유혹이 목사를 비롯한 지도자에게 있고, 저항한다고 하면서 권위자를 지배하고 싶은 마음이 우리에게도 있음을 기억해야 해.

우리는 이런 질문을 할 필요가 있어.

1. 내가 권위에 불순종하고 싶어 하는 것은 아닌가?
2. 권위자는 무엇을 보호하고 싶은 것인가?
3. 권위자는 선한 일을 도모하고, 각자의 양심에 따른 순종을 요구하는가? 기계적인 복종을 요구하는 것은 아닌가?
4. 권위자는 무조건적인 순종을 통해서 지배욕과 자기 숭배를 충족하려는 것은 아닌가?
5. 내가 저항하여 바꾸고자 하는 것은 선한 일이며, 모두의 양심에 합당한 일인가?

아! 그리고 근본적인 문제가 있는데, 목사가 '권위'를 들먹거리며 순종을 요구한다는 것 자체가 위험한 거야. 성경에는 믿음의 사람들이 저지른 어처구니없는 실패와 성경의 저자로 알려진 모세, 다윗, 베드로 같은 사람들의 처참한 실패가 담겨 있지. 성경은 믿음의 대상으로서 사람을 설정하지 않아. 성경은 사람의 권위를 높이려고 쓰이지 않았지. 그렇기 때문에 권위의 순종을 요구하며 협박하는 사람은 이미 변질된 목사라고 할 수 있어.

우리 모두 자신이 왕이 되고 싶은 마음을 가진 죄인들이야. 권위자도, 권위를 따르는 자도, 권위에 저항하는 자도 말씀 앞에서 내 마음의 동기가 무엇인지를 되묻는 공동체여야 해. 선한 일과 양심에 어긋남이 없는 일이면 순종의 연습을 해야 하고, 선한 일과 양심에 어긋나는 일이면 저항의 용기를 가져야 해.

성경이 말하는 권위는 '본질에 가까워지다'라는 의미야. 목사가 권위를 가지려면 우선 그가 '본질에 가까워져야' 하는 게 먼저야. 그의 태도와 자세가 본질에 가까워질수록 사람들은 그의 말에 권위를 더해서 듣게 되는 거지. 그 사람이 이미 '권위'를 들먹거렸다면 그가 '본질과 멀어졌다'는 뜻이 아닐까?

형, 간증을 듣다 보면 꼭 나오는 마무리 멘트가 있어.
"하나님이 모든 걸 하셨습니다!"
근데 말이야,
내가 열심히 한 일인데,
하나님이 모든 걸 하셨다고 하면, 속상할 때가 있어.
나도 죽어라 고생했는데 말이야.
이거 틀린 말은 아닌데,
왜 내 마음이 이렇게 불편하지?

11 "하나님이 모든 걸 하셨습니다!"

내가 보육원에 가서 들은 이야기 중 기억에 남는 이야기가 있어. 보육원 아이들이 자라서 보호 종료 아동으로 사회에 나가게 되면, 국가에서 적은 금액을 지원받아 사회생활을 시작하게 돼. 만 열여덟 살 나이에 이 차가운 벌판에서 홀로서기를 해야 하는 거야. 이와 관련된 안타까운 이야기도 참 많이 들리고. 그런데 어떤 어른들은 이렇게 생각한다고 해. 형편은 다 같은데, 마음을 다잡고 열심히 미래를 준비하고, 성실하게 살아가면 되는데 왜 그걸 못하는지 이 아이들을 못마땅해 한다는 거야.

그런데 내가 갔던 보육원 원장님이 해주신 말씀이, 이 보호 종료 아동이라 불리는 청년들이 겪는 가장 큰 어려움은 경제적인 면이 아니라는 거야. 바로 자신을 인정해 줄 사람이 없다는 점이래. 가족들과 함께 사는 청년들은 미래를 준비하며 작은 성공들을 이루면서 칭찬을 받잖아? 그들에게는 그게 없는 거야. 성실하게 살아가면 그 노력에 대한 인정을 받아야 하는데 그렇지 못한 거지. 인정이 없으니 동기부여가 되지 않고, 동기부여가 되지 않으니 길게 미래를 준비하기 어려워한다는 거야.

나는 이 이야기를 들으면서 인간의 삶에서 '인정'이라는 게 참 중요하다는 생각을 다시 한 번 하게 됐어. 사람은 누구나 기초 생존 욕구가 해결되면 소속감에서 시작되는 '인정받고 싶은 마음'이 삶의 중요한 동기가 되는 존재야. 사람을 볼 때 나는 이 관점을 가지고 서로를 보는 게 참 중요하다고 생각해. 칭찬받기 위해 애쓰고 있다는 것, 이 시선으로 다른 사람을 보는 것만으로도 우리가 사는 곳이 참 따뜻해질 수 있다고 생각해.

안타깝게도 교회에서는 인정과 칭찬을 경계하는 분위기야. 교만은 패망의 선봉이니 인정과 칭찬이 교만해지게 만든다고 생각하기도 해. 우리 사회는 경직되고 전체주의 요소가 많았기 때문에 좋은 일이 있거나, 축하받을 일이 있을 때도 조심스러워 하고 경계하는 모습을 보이는 것 같아. 그런데 교회의 환경을 생각하면, 빼 놓지 않고 인정과 칭찬을 챙기기가 생각보다 쉽지 않은 점도 있어. 교회가 분주하고 바쁘면 안 하고 싶어서 안 하는 게 아니라 어쩌다 지나가는 경우가 있거든. 그래서 애초에 하나님에게 한 것이니 사람의 칭찬을 바라거나 구하지 말라는 모습으로 변하기도 한 거지.

또 오래전부터 특히 예배 시간에 사람에게 박수 치는 게 마땅하냐는 논쟁도 있었고, 또 2,000년대부터 시작된 '십자가 복음'을 왜곡되게 받아들인 사람들이 '인정'이라는 것은 십자가에 못 박아야 하는 우리 안의 잘못된 동기처럼 말하기도 했지.

그런데 반대로 생각해 보면, 그런 말을 하는 목사님은 '인정'과 '칭찬'과 '존중'을 견디지 못하게 싫어하실까? 목사님들도 모두 설교에 대한 좋은 피드백을 기대하고, 어떤 행사를 했을 때 긍정적인 피드백을 바라시지. 어떤 분들은 설교 영상 조회수를 매주 확인하고, 아니면 예배 출석자 수나 예배 분위기로 본인 안에 있는 인정 욕구를 채우려고 하지. 이 땅에 있는 대부분의 목사가 인정에 목마른, 사랑을 받고 싶어 하는 평범한 존재일 뿐이지.

인정은 소속감과 성취감을 주는, 사람에게 필요한 욕구이며 동기야. 인정과 보상이 뇌에서 도파민을 생성하기 때문에 인간에게 필요한 기초 욕구이기도 해. 이것을 부인할 수도 없고, 부정할 방법도 없어. 다 잘 보이고, 잘 해내고 싶은 마음이 있지.

"하나님이 모든 걸 하셨다!" 이것은 그리스도인들에게 중요한 신앙 고백일 수밖에 없지. 모든 것이 은혜라는 고백은 우리가 진실로 믿음이 생기는 순간 고백하게 되는 말이고. 그런데 이 말이 불편한 이유는 사람을 배제하는 듯한 느낌을 받기 때문이야.

신앙은 언제나 하나님과의 관계와 이웃과의 관계로 이어지게 되어 있고, 하나님 사랑은 이웃 사랑으로 확인돼. 하나님을 사랑한다는 말, 예수님을 섬긴다는 말이 모두 막연한 말이 아니라 이웃을 향하고, 사람을 향하는 결과로 나타나야 바르고 정상적인 신앙생활을 하는 거야. 창조 신앙은 하나님이 사랑의 대상으로 사람을 지으셨고, 그 사람과 관계를 맺으셨다는 거야. 그 사람 역시 홀로 있는 것을 두고 보실 수 없어서 함께하는 사람을 만드셨어. 사람은 '관계'로 지음받았고, '관계'로 인해 생존하며 살아가는 존재야. 그런 사람에게 '사랑의 언어'는 '사랑한다'는 말보다 '인정과 존중'이 훨씬 큰 부분을 차지하고, '칭찬과 격려'는 살아가는 이유가 되기도 해. 교회로 우리를 부르셔서 그 지체가 되게 하신 것이나, 하나님 나라 백성으로 우리를 부르셔서 그 백성으로 살아가게 하시는 것이나 모두 하나님이 사람을 부르셔서, 사람과 사람이 연결되어 살아가도록 하신 것이지.

그런데 '하나님이 모든 걸 하셨다'라는 말이 쉽고 흔해지면, 사람을 배제하는 듯한 불편함이 생기고, 사람을 주변화하는 듯한 아슬아슬함이 생기게 마련이야. 예전에 어느 분이 목사님에게 상처받았다고 말한 적이 있는데, 그 이유가 선물을 드렸는데 어떤 말씀도 안 하셨다는 거야. 그래서 그 이유를 물어 봤더니 이렇게 말씀하시더래. "하나님이 하신 일이기 때문에 사람이 아닌 하나님에게 감사와 영광을 돌린 것입니다." 너무 이상하지? 그런데 교회 안에서 이런 모습이 종종 나타나. 하나님이 하셨기 때문에 "고맙다, 감사하다, 수고했다"라는 말조차 불필요하게 여겨지는 거야.

고마움을 표현하지 않는 목회자, 감사함을 표현할 줄 모르는 성도가 함께 있는 공간이 '천국'일 수 있을까? 생각해 보면 너무 끔찍한 일이지. 하나님이 모든 걸 하셨다는 게 어느 개인, 혹은 어느 조직에 감격스러운 신앙 고백이었을 텐데, 문제는 이런 말들이 어느 순간 '구호화'가 되었다는 점이야. 집단의 주장을 명료화하여 에너지를 얻는 도구로 삼는 일이지.

교회에서 "하나님이 모든 걸 하셨다"라는 말을 교회 건물을 봉헌할 때 사용되는 점, 대형 행사 안에서 사용되는 점, 모든 불만과 불법을 다 덮는 표현으로 사용되는 점, 다른 생각을 불필요하게 만들 때 사용되는 점, 이런 점이 모두 위험한 거야. 마치 개인의 감정과 생각은 죽이고 개인에게 전체를 위하여 희생하라는 의미로 전달되고 사용되기 때문이지. 어떤 좋은 말이라도 그것이 어느 순간 종교 구호가 되어서 사람을 소외시키는 역할을 한다면 하나님이 기뻐하실까?

빌립보서에 보면 사도 바울이 디모데와 에바브로디도를 빌립보 교인에게 소개하는 장면이 나와. 사도 바울이 말하기를, 디모데는 나와 뜻을 같이 하고, 그의 말은 있는 그대로 믿을 수 있는 사람이고, 눈앞의 이익이나 개인의 이익이 아니라 하나님 나라의 유익을 구하는 사람이라고 말하지. 그리고 에바브로디도는 빌립보 교인의 헌금을 사도 바울에게 전달해 준 사람인데 중간에 큰 병을 얻어서 죽을 고비를 넘기게 돼. 그런데 그게 의심이 쌓이는 일이 되어 버려. 빌립보 교인들은 에바브로디도가 헌금을 제대로 전달을 안 해줄지도 모른다는 걱정을 해. 또 사도 바울을 도우라고 보냈는데 오히려 사도 바울이 병시중을 해야 하는 상황도 못마땅해 했지. 그리고 큰 질병이라는 게 늘 하나님의 심판이라고 생각했던 사람들이라서 에바브로디도에게 혹시 숨겨 둔 죄가 있는 건 아닐까 의심하기도 했어. 그런데 사도 바울은 에바브로디도가 오히려 '죽음을 각오하고 헌신한 사람'이라고 추켜세워 주지. 나의 형제, 나와 함께 수고하는 사람, 하나님 나라를 위하여 부름받은 군사로 에바브로디도에 대한 의심을 불식시켜 줘. 그리고 에바브로디도가 다시 빌립보로 갔을 때 "기쁨으로 맞이하고, 존귀하게 대하라"고 말하지. 그뿐 아니라 사도 바울은 서신서마다 한 사람 한 사람에 대한 고마움을 가득 담아 내고 있어. 사도 바울은 "나는 죽고 예수로 사는 사람"이기 때문에 사람에 대한 '인정과 존중'이 불필요하다고 생각한 사람이 아니라는 거야.

나도 그렇지만 누가 하나님에 대해서 얼마나 잘 알고, 이 복음이 잘 깨달아져서 신앙생활을 하고 있겠어? 나도 '내가 왜 신학교에 갔을까', '왜 목사가 되겠다고 했을까'를 생각해 보면 내 인생에 처음 '인정과 칭찬'을 받았던 장소가 교회였기 때문에 그런 결심을 한 건 아닐까 생각해. 가정에서 힘들고 어두운 날들을 보내던 때, 특출난 재주나 재능 하나 없던 평범하기 그지없던 나, 학교에서는 반장 한 번 해 보지 못하고 잘 나서지도 못하던 내가 가장 많은 사람에게, 가장 큰 밀도로 '인정과 칭찬'을 받았던 곳이 바로 교회였어. 그래서 그 당시 어려움과 아픔을 이겨 낼 수 있었지.

맞아. 모든 것은 하나님이 하셨어! 우린 그것을 믿지. 그러나 그 안에서 우리는 한 사람 한 사람에 대한 충분한 고마움과 미안함을 가지고 살아가야 해. 내 곁에 있는 사람에 대해서 마음껏 인정하고, 힘껏 존중할 줄 알아야 하지. 하나님이 허락하시고 만나게 하신 이들을 언제나 기쁨으로 영접하고, 존귀하게 여기는 자가 되어야 해.

교회는 그 사람이 무엇을 해냈기에 인정과 칭찬하는 것을 넘어 그 사람의 존재 자체를 인정하고 칭찬하는 곳이어야 해. 사람을 결국 '인정과 존중'에 목마른 자로 보고 이해해야 해. 비록 모두 표현이 어색하고, 서툴러서 그렇지 우리는 모두 서로에게 잘 보이려고 살아가고 있다고 생각해야 하고. 모두 숨겨 두었지만 '자기비하와 자기혐오'를 안고 살아가기 때문에 누군가의 한마디가 그 사람에게 '숨구멍'이 된다는 걸 기억해야 해.

서로를 인정하고 격려하자! 잘 보이고, 잘 해내려고 하는 이들에게 더 큰 용기를 북돋아 주는 사람이 되자! 함께하는 이들을 충분히 존중하고, 그들과 '함께' 고백하는 말이 "하나님이 모든 걸 하셨다"가 되면 진짜 거기가 천국 아닐까?

형, 예배 시간에 서로 이렇게 인사를 하래.
"다 잘될 겁니다! 뭐든지 할 수 있습니다!"
기분 좋은 표현이고 힘을 주는 표현이긴 한데,
긍정적인 생각을 가지고 사는 게 신앙인지,
자족하는 삶을 사는 게 신앙인지 헷갈릴 때가 있어.
기대와 만족 그 어디에
내 신앙을 두어야 하는 걸까?

12

> "다 잘될 겁니다! 뭐든지 할 수 있습니다!"

이 고민은 우리가 빌립보서 4장 13절을 어떻게 이해하는지에 따라 달라질 거야.

내게 능력 주시는 자 안에서 내가 모든 것을 할 수 있느니라.

이 말씀은 많은 성도에게 가장 사랑받는 구절이지. 수련회 때 식사 암송 말씀으로 나오던 단골 말씀이고, 연말에 말씀 뽑기 하면 누구나 뽑고 싶어 하는 최고의 인기 말씀이야. 동시에 이 말씀은 성경을 우리가 얼마나 자기 마음대로, 자기가 바라는 대로 해석할 수 있는지를 알려 주는 말씀이기도 해.

이 말씀을 근거로 교회 안에서는 '적극적 사고방식' 혹은 '긍정의 힘', '잘되는 나'와 같은 용어가 나오고 교회를 휩쓸기도 했어. 이 주장을 하는 대표 목사와 단체는 바뀌었지만, 지속적으로 이 말씀은 오용됐어.

말씀이 오용되는 과정에는 언제나 '믿음의 대상'을 '자기 자신'에게 두는 일이 일어나. "내게 능력을 주시는 자 안에서 내가 모든 것을 할 수 있다"라는 이 말을 내가 얼마나 확실하고 확고하게 믿는지를 묻게 되지.

상상해 봐. 내 옆에 신앙의 계기판이 하나 있어. 그 계기판에서 가장 높은 수치를 가리키는 것이 참신앙이고, 바늘이 그 지점에 딱 도달했을 때 내 삶에 '신의 보상'이 나온다고 믿는 거야. 이 말씀을 무조건, 절대적으로 믿는 '나의 능력'이 이 말씀에 따른 결과를 결정하는 거지. 이러한 신앙이 '자본주의'와 만나게 된다면? 믿음의 대상은 '나'이고, 내가 계측기에서 만점을 유지하는 상태가 지속되면 엄청난 부자가 된다는 게 '신앙'이 되어 버리지.

빌립보서는 사도 바울이 로마 감옥에 갇혔을 때 쓴 서신이야. 가택 연금 형태의 감옥이었지. 문제는 밥값도, 집세도, 자신 때문에 이 집을 지키는 군인의 봉급까지 모두 죄수가 감당해야 했어. 그런 사도 바울을 위해서 빌립보 교회 성도가 헌금을 모아서 에바브로디도 편에 보낸 거야. 꽤 큰 금액이었지. 빌립보서 4장은 자신을 위해서 헌금해 준 빌립보 교회에 대한 감사 인사야.

그 앞의 내용을 살펴보면, 자신에 대한 오해와 편견도 있었지만 그럼에도 마음을 일으켜 헌금해 준 것에 대한 감사를 표하고 있어. 그리고 사도 바울은 빌립보 교회 성도를 향한 그리움과 고마움과 미안함을 이야기하고 있어. 왜냐하면 빌립보 교회는 사도 바울이 첫 사역을 할 때부터 함께하고 후원했던 든든한 조력자였기 때문이야.

그런 빌립보 교회 성도에게 사도 바울은 이 이야기를 하고 싶었던 거야. "저는 궁핍하지 않습니다. 비천하게 살 줄도 알고, 풍족하게 살 줄도 압니다. 배부를 때도, 굶주릴 때도, 풍족할 때도, 궁핍할 때도 어떤 경우라도 저는 괜찮습니다. 주님은 저에게 자족하는 법을 훈련시키셨습니다. 저는 충분합니다." 이 말을 하면서 나온 고백이 "나에게 능력을 주시는 분 안에서, 나는 모든 것을 할 수 있습니다"였어. 사도 바울에게 능력을 주시는 분이 모든 것을 할 수 있도록 주신 비결은 '자족의 비결'이고, 능력은 '자족의 능력'이라고 말하는 것이지.

이어서 14절 이후에는 마게도냐 지방을 떠나서 지금까지 자신과 함께해 준 빌립보 교회에 대한 감사를 다시 한 번 표현하고 있어. 에바브로디도에 대한 고마움도 이야기하지. 쉽지 않은 형편에 넉넉하게 헌금을 보내 준 빌립보 교회에 보내는 감사 인사야.

그런데 '자족'이라는 단어는 경계가 참 모호한 단어지. 어떻게 보면 열심도 없고, 상향성도 없는 삶이 좋은 건가? 발전과 성장은 잘못된 것인가? 이런 마음이 들기도 해. 예를 들어, 경제 활동을 하지 않는 남편이 "나는 자족하는 삶을 추구해"라고 하면 화가 나지 않겠어? 게으름과 나태함의 핑계가 '자족'이 될 수도 있잖아.

사도 바울도 빌립보서 3장에서는 '상향성'에 대해 말했어. 자신이 목표 지점을 향하여 달려가는 운동선수처럼 살아가고 있다고 말해. 분명하고 선명한 지점이 있고 그것을 위한 열심을 가지고 있음을 말하지. 그리스도의 비움을 닮을 때까지 전심을 다한다는 고백과 도전을 하고 있어. 그러면 '자족'이 기대와 만족 어느 사이에 자리를 잡은 단어라고 할 수 있을까? 그 대답이 빌립보서 4장 17절이야.

> 나는 선물을 바라지 않습니다. 나는 여러분의 장부에 유익한 열매가 늘어나기를 바랍니다(새번역).

사도 바울이 감사를 전하면서 기도하는 내용이야. 사도 바울은 빌립보 교회 성도의 가계부에 잔액이 늘어나기를 기도하고 있어. 사도 바울이 자족하는 삶을 살기로 다짐하는 이유는 빌립보 교회 성도 각 개인과 가정 가계부에 잔액이 늘어나길 바라기 때문이야. "여러분이 보내 주신 것이 충분합니다. 그냥 하는 말이 아니라, 그동안 여러분의 지속적인 헌신에 저는 무거운 마음을 가지고 있습니다. 미안해하지 마십시오. 저는 어떤 형편이어도 괜찮은데 여러

분이 이렇게 큰 헌금을 보내 주셔서 큰 감사를 드립니다. 이제, 여러분의 가계부에 잔액이 늘어나면 좋겠습니다. 여러분 살림살이가 좀 더 넉넉해지면 좋겠습니다."

자족은 빌립보 교회 안에 양방향으로 일어난 하나님의 역사인 거지. 빌립보 교회 성도는 사도 바울의 형편을 생각하고, 사도 바울은 빌립보 교회 성도의 형편을 생각했어. 그것이 성령의 교통하심으로 빌립보 교회와 사도 바울 안에 계속해서 일어나는 능력이었어.

우리는 자족마저도, 계기판을 떠올리고 싶어 해. 내가 자족하는 능력의 계기판에서 최상위 레벨을 유지하면 나에게 어떤 일이 일어날 거라고 생각하는 거지. 그런데 그게 아니야. 자족은 '다른 사람의 남은 것을 걱정해 주는 마음'이야.

신앙은 "착해져라"가 아니야. 이건 불가능해. 우리 안에 스스로 하나님이 되고자 하는 죄가 있는데 우리가 어떻게 착해질 수 있겠어? 신앙은 내가 죄인인 사실을 발견하는 거야. 내가 얼마만큼의 용납을 받은 자인지를 알아 가는 거야. 그러면 아주 작은 착함이 내 삶에 조금씩 나타나는 거야.

두려움과 공포가 가득하고, 탐욕과 욕심이 충돌하는 삶에 자족할 수 있는 사람이 누가 있을까? 없어. 불가능해. 그런데 다른 사람의 남은 것이 더 많기를 바라는 마음을 가지고 살아가는 것은 그 사람을 아끼고 사랑하면 가능한 일이지. 그것이 '자족'이야.

톨스토이의 단편 소설 중 「사람에게는 얼마만큼의 땅이 필요한가?」를 보면, 농부 바흠이 자신에게 주어진 '탐욕과 공포' 사이를 오가며 땅을 차지하려고 하지만 결국 세로 2미터, 가로 90센티미터의 땅만이 필요했지.

자본주의를 살아가며 소비를 과시하는 게 능력이 된 사회에서 우리에게 자족은 특별한 은혜라고 생각해. 생태학자인 앨런 테인 더닝은 「소비 사회의 극복」이라는 책에서 "소비주의 사회에서의 기적은 자족"이라고 말했어. 환경을 지켜 낼 유일한 방법도 자족이라고 말했지. 의학과 과학이 발달하지 않은 시대에 병 고침이 기적이었다면, 자본주의-소비주의-능력주의 시대에 기적을 보았다고 말할 수 있는 것은 '자족하는 삶을 사는 한 사람'인 거지.

이사야 5장에 보면 하나님이 이스라엘을 심판하는 이유를 말씀하시는데, 탐욕이 끝이 없는 모습이야. 집에 집을 더하고, 밭에 밭을 늘려 가지. 내가 다 차지해서 밭 한가운데 홀로 살아도 그게 좋은 거라고 말하는 상황이야. 더 고급스러운 술을 찾고, 밤이 늦도록 포도주를 마시고, 날마다 잔치를 열고, 사치를 자랑한다고 기록되어 있어. 하나님은 자랑으로 가득한 영화와 법석거림과 떠드는 소리와 즐거워하는 소리를 다 심판의 자리로 보내겠다고 하시지. 자족을 상실한 그 사회 속에 천한 사람은 굴욕을 당하고, 귀한 사람은 비천해지고, 거만한 자들도 기가 꺾인다고 해. 탐욕을 위해서 악한 것도 선하다고 하며, 선한 것은 악하다고 말하는 이들. 어둠을 빛이라 말하며, 빛을 어둠이라고 하고, 쓴 것을 달다고 하고, 단 것을 쓰다고 하는 이들. 사람들을 속이고, 프레임을 바꾸면서도 아무런 가책이 없는, 스스로 지혜롭다고 하는 자들에게 하나님이 심판하신다는 내용이야.

신명기 26장에 십일조, 절기 헌금에 관한 내용이 나와. 하나님이 말씀하시는 핵심은 헌금을 하는 자는 자원하는 마음과 축제 같은 마음을 가져야 한다는 거야. 그리고 그 십일조와 절기 헌금이 고아와 과부와 나그네, 그리고 자기 분깃이 없던 레위인에게 남은 것이 무엇인지를 살펴보게 한다는 것이지. 즉, 인색함 없이 드리는 그 마음속에 하나님이 보시는 건, 내 이웃에게 남은 것을 보는 마음이라는 거야.

제국의 힘이 다스리는 나라는 다른 사람에게 남아 있는 것을 빼앗아. 착취와 억압과 책임을 미루는 일이 일어나지. 하지만 하나님 나라는 다른 사람에게 남아 있는 것을 살펴보는 곳이야. 그래서 하나님 나라는 평화와 나눔의 나라지. 우리는 그 나라의 백성이고.

단지 경제적인 면뿐만 아니라 다른 이에게 정서적으로, 삶의 의미로 남아 있는 게 무엇인지를 돌아보며 사는 삶, 겨우겨우 버텨내고 견디고 있는 사람이 누구인지 돌아보는 삶이 '자족의 은혜'로 살아가는 삶이야.

무엇을 먹을까, 무엇을 마실까, 무엇을 입을까 염려하는 것은 이방인이 할 일이요, 하나님의 자녀들은 마땅히 하나님의 나라와 의를 먼저 구해야 한다(마 6:31-33 참조)는 말씀도 자족의 은혜에 대한 말씀이고, 모든 탐심을 물리치라 사람의 생명이 그 소유가 넉넉한 데 있지 않다(눅 12:15 참조)는 예수님의 말씀도 자족의 은혜에 대한 말씀이지.

결국 신앙은 나를 벗어나는 거야. 무엇을 위한 기대인지, 무엇을 위한 만족인지, 그렇게 물어 가기 시작하면 그 어느 지점에서 '자족'을 얻을 수 있지 않을까?

난 이런 이야기
처음 들어

3부

거대 조직에 들어와서
알게 되는 비밀

형, 나는 교회에서 헌신할수록
자꾸만 거대 조직에 들어와 있는 느낌이 들어.
어떤 교육을 들으면 **'자격'**이 주어지는데
'이게 대체 무슨 자격일까?'
궁금하고 점점 불편한 마음이 들어.
마치 **리더십 보상 프로그램**이 작동되는 것처럼 말이야!

> **13** 교회 내부 승진 시스템으로 어디까지 올라갈 수 있어?

이건 업계 비밀이야. 말해 줄 수 없어.

⋮

예전에는 교회가 동네에 하나씩 있었지. 그런데 도시화가 급속도로 진행되면서 교회가 우후죽순 생겨났고 그 동네에서 사람이 가장 많이 모이는 교회가 어디인지를 겨뤘지. '중앙', '제일'이라는 이름을 붙인 교회가 동네에 하나씩 꼭 있는 이유이기도 해.

그런데 90년대 후반부터 교회의 자연 성장은 멈췄어. 전체 기독교인의 수는 늘지 않아. 또 성장 우선주의로 인한 후유증이 교회마다 일어나게 됐지. 교회 안에서 싸움이 벌어졌고, 목사의 전횡으로 부패와 비리가 가득해졌어. 90년 이후부터 '수평 이동'으로 인한 교회 성장 시대가 시작되었어. 이때는 '중앙', '제일'이라는 말이 필요가 없어졌어. 승용차 시대가 되었고 지역을 넘나드는 건 별 문제가 아니었지. 이 시기에 교회가 중요하게 내세운 건 '건강한 교회', '훈련하는 교회', '다양한 프로그램이 있는 교회'였어. 농촌 교회에서 도시 교회로, 도시 중소 교회에서 대형 교회로 옮기는 움직임이 일어난 거야. 또 이때부터 대학 선교 단체들이 다양하게 일어나고 확장되기도 했어. 평생 섬기는 내 교회보다는 내가 선택하여 다니는 교회가 중요해졌고 그 선택의 기준에는 교회가 가진 시스템과 인프라가 중요해지게 됐지.

그러면서 선교 단체와 교회가 비슷한 과정을 밟기 시작했어. 처음 오는 사람은 꼭 새가족 과정을 듣게 돼. 새가족 과정을 정해진 기간 다 들으면, 수료하게 되지. 새가족 과정을 수료한 사람은 제자 훈련 과정을 받을 자격이 주어져. 그러면 제자 훈련을 받게 되고, 제자 훈련을 받은 사람은 새가족 과정을 인도하는 자격이 주어지는 거야. 새가족이 오면 양육할 수 있는 거지. 그렇게 새가족을 양육한 경험이 몇 번 있는 사람은 리더십 훈련을 받을 자격이 주어져. 그러면 리더십 훈련을 받게 되겠지. 리더십 훈련을 받은 사람은 소그룹 리더를 할 자격이 주어지고. 그때부터는 소그룹 리더를 하게 되는 거야. 그렇게 소그룹 리더를 한 사람은 이런저런 훈련을 더 하면 교회 리더십이 되는 구조를 만들게 돼.

이 과정을 모두 마치면 보통 3년 정도가 걸려. 사람 심리가 보상이 주어지면 열심을 내서 그 과정을 해내지. 그런데 안타깝게도 보상이 끝나는 순간 이른바 '현타'(현실 자각 시간)가 와.

지금 한국 교회가 위기라고 하는데 그렇게 된 이유 중 하나는 이 과정을 선교 단체와 교회를 옮기는 과정에서 겪은 사람들이 많기 때문이라고 생각해. 교회를 옮겨 본 사람이라면 보통 2-3회 이런 과정을 겪게 돼. 이 '제자 훈련 과정'을 다 마치고 나면 엄청나고 대단한 예수님의 제자가 되어 있을 것 같은데, 실상은 교회 사역을 너무 많이 한 피곤함과 허무함이 몰려오는 개인만 남는다는 게 현실이야.

또 하나의 위기는 이때부터 교회는 교회 밖 사람들을 위해서 존재하지 않는 모습이야. 교회 내 사람들이 전도 대상이 되었어. 믿음의 유행이 불기 시작했고 경배와 찬양, 해외 선교부터 다양한 훈련 프로그램까지 여기에 참여하고 싶어 교회를 옮기는 일이 일어나게 돼.

이제 한국 교회 성도가 육백만 남짓 되는데 이 육백만을 가지고 각 교회가 매력 발산을 하는 것처럼 보여. 육백만이 아닌 인원에게 다가가고 충격을 주는 신앙 공동체의 모습이 아닌 옆 교회에 다니는 누군가에게 더 매력적으로 보일 교회가 되어 가는 거지.

그동안 해 왔던 제자 훈련이라는 것은 대부분 수평 이동 교인을 우리 교회에 정착시키기 위한 프로그램이었어. 그렇다면 우리는 다음과 같은 질문을 해 볼 필요가 있다고 생각해. 그래야 교회를 위한 무급 헌신자를 위한 제자 훈련이었는지, 아니면 사회를 변혁시키는 그리스도의 제자를 위한 제자 훈련이었는지를 판단할 수 있을 것 같아.

첫 번째로, 교회가 사회를 향해 던지는 메시지는 무엇인가? 교회라는 존재 자체가 전하려 하지 않아도 전해지는 메시지가 무엇인지를 물어야 해. 너는 딱 떠오르는 게 있어? 답하기가 어렵다면, 그 이유가 앞에서 말했던 것 때문일 거야.

우리나라 초기 기독교 이야기를 들으면 참 감동이 되는데, 교회마다 숨겨지지 않는 메시지가 있었기 때문이야. 특별히 모두가 '함께' 예배드리는 일로 인해 엄청난 변화가 일어났어. 신분과 남녀와 노소를 뛰어넘어 '함께' 예배드리는 그 단순하고 간단한 일이 사회 전체를 향한 변화의 메시지로 들리기 시작한 거지.

양반과 백정이 함께 예배를 드렸고, 왕족과 마부가 한 형제가 되었어. 여자들의 교육이 시작되었고 왕을 고치던 의사가 사람 취급을 받지 못하던 낮은 신분의 사람의 병을 고쳤지. 전염병이 도는 곳에는 예수를 믿던 사람이 늘 있었고. 마을의 산파는 예수를 믿던 사람이었지. 예수님 때문에 큰 부자가 노비 문서를 다 태우고 우린 한 형제라고 했어. 한 마을이 예수님 때문에 우리가 한 형제이니 모두가 같은 돌림자를 쓰자고 해서 이름을 바꾸는 일이 일어나기도 했고.

매력 발산을 한 게 아니라 거대한 메시지가 교회 담을 넘어서 세상으로 나아갔어. 사람들은 교회를 궁금해 했고, 전통-문화-정치-경제-종교 모든 영역으로 확장되었지. 90년 이후 교인이라면 제자 훈련을 받지 않은 사람이 별로 없을 듯한 지금 한국 교회에 '전하려 하지 않아도 전해지는 메시지'는 무엇일까? 교회 담을 넘어서 세상으로 확장되고 있는 메시지는 무엇일까?

지금 한국 사회에는 심각한 '고립과 단절' 문제, '차별과 혐오' 문제, '불평등' 문제, '기후 위기' 문제, '부익부 빈익빈' 문제 등 여전히 농이 가득 찬 아픔이 있는데, 교회로부터 나오는 메시지는 무엇인지를 물어봐야 해.

두 번째로, 제자 훈련으로 길러진 제자는 누구를 위한, 무엇을 위한 제자인가? 넌 제자는 교회 프로그램을 이수한 사람이라고 생각하니? 그럼 교회 내부 승진 시스템에서 탈락한 낙오자는 제자가 되지 못하겠네? 여기에도 기본적으로 교회가 얼마나 내부로만 그 에너지를 쓰는지를 말해 줘. 이 세상에 침투해서 하나님 나라의 가치관을 가지고 살아가는 사람이 아니라, 교회 내부 에너지 재생산에 열정적인 사람이 되려는 거야.

래리 허타도 교수가 쓴 「처음으로 기독교인이라 불렸던 사람들」(이와우)이라는 책에 보면 초대 교회 모습이 나오는데, 디오그네투스에게 보내는 서신을 보면, 초대 교회 교인들이 가지고 있는 높고도 존경받을 만한 시민 의식에 관한 이야기가 나와.

> 로마 사람들은 다 원치 않는 자녀를 유기하였는데 기독교인들은 자녀 유기를 하지 않았습니다. 그들은 가정에서 신앙을 교육했습니다. 또한 기독교인들은 복수하지 않았습니다. 그들은 동성애를 로마 사람들처럼 하지 않았고, 그들은 아내 외에 다른 여자와 성관계를 맺지 않았습니다. 그들은 자신이 믿는 바를 강요하지 않았고, 이교도들을 부끄럽게 만들어 그들이 개종하게 하였습니다. 그들은 어떤 사람의 종교가 아니라 '책의 종교'였습니다.

초대 교회가 보여 준 모습은 내부 승진 시스템이 아니라 이 세상의 삶과 다른 그들의 삶의 모습이었어. 세상과 똑같이 살거나 세상보다 더 하게 살면서 교회 안에서 승진하는 그림 자체가 아니었지. 세상 속에서 제국이 부여한 정체성이 아닌 다른 나라에 속한 정체성을 가지고 살아가는 사람들이었어.

세 번째로, 제자 훈련은 그동안 알지 못했던 것을 깨닫게 하는 과정인가? 우리가 기억해야 할 사실은 제자 훈련이라는 게 복잡할 리가 없다는 거야. 예수님이 부르셨던 제자들을 포함해서 그 당시 대부분의 사람은 문맹자였어. 글을 읽을 수 없는 사람이고, 높은 지위와 신분을 가진 사람들도 아니야.

제자 훈련이 문제시되는 것 중 하나는 마치 우리가 그동안 몰라서 못했다고 생각하게 만들어서 더 알 때까지 못하게 되어도 괜찮다는 생각을 심어 주는 거야. 깨달음을 추구하는 신앙을 만들어서 지적 유희로 신앙생활을 하게 만들 위험이 있지. 난 이 말씀이 매우 중요하다고 생각해.

> 너희가 서로 사랑하면 이로써 모든 사람이 너희가 내 제자인 줄 알리라(요 13:35).

예수님이 제자에 대해서 어렵게 말씀하셨을 리 없어. 밥 한 끼가 큰 걱정이었던 사람들에게 글 사이에 담긴 철학적, 배경적, 문화적 이해를 하지 못하면 알아들을 수 없는 말로 제자를 설명하셨을 리도 없어. 제자는 단순한 거야.

함께한다는 것과 사랑한다는 것, 나는 이 단순한 두 가지가 얼마나 위대한지를 모른다면 제자 훈련은 불필요하다고 말할 거야. 물론 우리는 잘 배우고, 또 많이 배워야 하는데 그 결론이 '함께하는 것과 사랑하는 것'이 무엇인지를 배우는 과정이 되어야 하지.

네 번째로, 제자 훈련을 한 사람들에게서 어떤 모습이 나타나는가? 제자 훈련을 한 사람들에게서 나타나는 큰 특징 중 하나가 '자의식 과잉'이야. 90년 이후를 지난 그리스도인에게 있는 심각한 질병은 '자의식 과잉'이라고 생각해. 평소 특별하다고 여기는 지식을 얻게 되고, 그것을 반복 학습하면서 강화할 때 '자의식 과잉'이 나타나는 것 같아. '선민사상'에 잠긴, '다른 사람은 알지 못하는 것을 알고 있는 특별한 그리스도인'이 되어 버렸어. '위대한 그리스도인 병', '자기 발전형 그리스도인 병'이라는 불치병을 안고 살아가는 사람이 되었고, 그들을 이끄는 목사는 '메시아 콤플렉스'를 가지게 되었지.

"우리 아니면 안 된다. 나 아니면 안 된다. 우리가 해야 한다"라고 말하면서 끊임없이 어느 수준에 도달해야 한다고 말해. 어떤 레벨을 유지해야 한다고도 하고. 열정 가득한 예배를 드리고 뜨거운 기도, 끝날 줄 모르는 훈련 프로그램을 돌리면서 "이런 우리를 보면 하나님도 뭘 해야 하는 거 아닌가요?"라는 식으로 말하지.

한 사람의 진정성을 열정이나 뜨거움이나 간절함으로 판단해서는 안 돼. 사기꾼에게 사기를 당하는 사람은 열정적인 사기 수법을 진정성으로 판단했기 때문이야. 한 사람의 진정성은 '선택의 누적' 외에는 알 수가 없어. 그 사람이 삶에서 어떤 것에 가치를 두고 선택했는지, 그 선택들의 총량으로만 알 수 있는 거야.

사람이 가득 모인 곳에서 마이크 하나를 들고 서 있는 사람이 내뱉는 말의 진정성을 당시의 분위기나 눈물로는 알 수 없어. 집단이 모여 있을 때 개인이 집단화의 오류에 빠지기 쉬운 건, 진정성이 넘친다고 생각하기 때문이야.

제자를 말의 진정성에서 찾으려고 하지 마. 제자는 마음의 가난함에 복이 있다고 믿고, 나의 높음을 잘라 내어 낮음을 메우고, 누구와도 함께할 수 있고, 고립과 단절을 깨뜨릴 사랑을 가진 사람이야. 그 선택들이 누적된 사람이 제자야.

사도 바울이 고린도전서에서 "하나님 나라는 말에 있지 아니하고, 능력에 있습니다"(고전 4:20, 새번역)라고 말하는데 이것은 무슨 뜻일까? "바울파, 베드로파, 아볼로파, 그리스도파 …… 각자 다 자기 말의 진정성을 믿어 달라고 하는데, 나와 디모데처럼 그들이 한 선택들의 총량을 살펴보십시오"라는 뜻이 아닐까?

형, 솔직히 가끔은 목사님이 우리 안의
'죄책감과 두려움'을 이용하는 것 같아.
안 그래도 죄책감과 두려움을 안고 살아가는
작디작은 인생인데,
교회에 가면 그 위에 **짐 하나가 더 얹히는 느낌이야.**
왜 그런 걸까?

14
목사님이 내 안의 죄책감과 두려움을 이용하는 것 같은데……

나는 교회 다니는 사람들이 심각한 질병에 시달리고 있다고 생각해. 앞에서도 말했듯이, 위대한 그리스도인 병! 끊임없이 뭔가를 해서 자기 발전형 그리스도인이 되어야 한다고 생각하고, 그 속에서 '자의식 과잉'에 빠져 있는 것 같아.

먼저 에베소서 3장 18, 19절을 보자.

> 능히 모든 성도와 함께 지식에 넘치는 그리스도의 사랑을 알고 그 너비와 길이와 높이와 깊이가 어떠함을 깨달아 하나님의 모든 충만하신 것으로 너희에게 충만하게 하시기를 구하노라.

예수님 사랑의 '너비와 길이와 높이와 깊이'를 깨달으라는 말씀이지. 높이와 깊이는 좀 이해가 되는데 길이와 너비는 잘 와 닿지 않아. 그렇지만 이것을 아는 게 참 중요하다고 말하고 싶어.

우선 길이를 알아야 해. 하나님이 우리를 지금까지 사랑하고, 앞으로도 사랑하신다는 거야. 나도 한때 '위대한 그리스도인 병'에 시달릴 때가 있었는데, 그때 내가 강조한 게 '회심'이었어. "난 회심한 사람이다"라고 말하고 다녔어. 나는 군대에서 교회도 잘 안 다니고 방황도 했거든. 그리고 하나님 앞에 뜨겁게 회심을 한 경험이 있어. 그 사건을 이렇게 말한 거야. "나는 중학교 3학년 때 예수님을 만난 건 온전하지 못했다. 그런데 나는 군 제대 후 분명한 회심을 했다. 그렇기 때문에 너네는 내 말을 들어야 한다. 왜냐하면 난 진짜 회심한 사람이기 때문이다. 너네도 나의 중학교 3학년 때처럼 온전히 예수님을 만난 게 아닐 수 있다. 따라서 너네는 나처럼 회심해야 한다. 그러므로 내가 하는 말을 잘 들어야 한다."

그런데 시간이 좀 지나고 이렇게 말할 수 없다는 걸 깨달았어. 나는 어느 순간에 회심했다고 말하고 싶어 하고, 그것으로 인해서 내가 예전과 달라졌다고 말하고 싶어 하는 존재이고, 어느 한 면이라도 남보다 나은 점이 있으면 그것으로 사람들보다 위에 있고 싶어 하는 못 말리는 죄인이라는 사실을 알게 된 거지.

중학교 3학년 때 내가 처음 예수님의 사랑을 경험했을 때도 예수님이 나를 사랑하신 것이고, 내가 군대에서 방황할 때도 예수님이 나를 사랑하신 것이며, 뜨거운 회개를 했던 그때에도 예수님이 나를 사랑하셨던 것뿐이야. 내 삶이 예수님의 신실하심 속에 있었던 것뿐이지. '회심한 나'를 자랑할 만한 순간은 어느 곳에도 없어.

그 너비도 우리가 알아야 해. 하나님은 우리가 어떤 죄를 지을 때 우리를 버리실까? 하나님은 우리가 반복적인 죄를 지으면 우리를 버리실까? 다윗이 시편에서 "내가 새벽 날개를 치며 바다 끝에 가서 거주할지라도 거기서도 주의 손이 나를 인도하시며 주의 오른손이 나를 붙드시리이다"(시편 139:9, 10)라고 고백하잖아. 성경은 분명 우리가 죄인일 때, 하나님과 원수 되었을 때, 연약할 때(로마서 5장), 우리를 사랑하셨다고 하는데 우리는 하나님이 내 죄 하나를 못 견뎌 하시고, 하나님을 향한 불손한 생각 하나를 못 참으시고, 완벽을 유지하지 못하면 우리를 버리신다고 생각하지. 참 이상한 일이야.

목사라는 직업을 이해할 필요가 있어. 사람은 모이면 '서열'을 정하게 되는데 교회는 이러나저러나 서열의 가장 꼭대기에 '목사'가 있어. 목사는 자기 서열을 확인 받고 싶어 할 때, 보통 설교 시간에 자신이 전달하는 말에 따른 성도의 반응을 보고 확인하게 돼. 설교 시간이 목사에게는 서열이 확인되는 시간인 거지. 설교할 동안에는 반론이 허용되지 않는데 그 시간을 통해서 목사 안에 있는 '지배욕'이 고개를 드는 거야.

모든 사람은 후회와 불안을 안고 살아가기 때문에 죄책감과 두려움이라는 도구는 사람의 감정을 쥐락펴락하지. 한 개인의 '죄책감과 두려움'을 가지고 그 사람을 조종하는 것을 '가스라이팅'이라고 해. 인간은 선한 표정을 지으며, 경건한 언어로 얼마든지 '가스라이팅'할 수 있는 존재야. 그래서 더욱 하나님 사랑의 '깊이와 높이, 길이와 너비'를 아는 것이 중요하지. 거룩은 자기 발전형으로 내가 만들어 내는 뭔가가 아니야. 거룩은 내 일상에 하나님의 손길이 닿아 간섭하심으로, 역사가 일어나는 일이지.

나디아 볼즈웨버라는 목사님이 계시는데. 온몸에 문신이 있는 장신의 여성 목사님이야. 십 대 때 학교 폭력을 당한 후 마약, 알코올 의존증에 빠지고 음란한 생활을 하기도 하고, 물건을 아무렇지 않게 훔치기도 했던 분이야. 그런 분이 남편을 만나서 점차 회복되고 하나님의 은혜를 받아 목사가 되셨지. 이분이 쓴 「어쩌다 거룩하게」(바람이불어오는곳 역간)라는 책에 보면 그간 우리가 들은 이야기와는 조금 다른 이야기가 나와. 그 이야기는 '회심한 나'가 얼마나 대단한지가 아니라 나는 지금도 이런저런 문제덩어리인데 그런 나를 하나님이 얼마나 사랑하시는지가 나와 있어. 책에 보면 그분이 '거룩의 순간'이라고 모아 둔 장면이 있는데, 나는 그게 참 좋더라.

- 내가 개판인데도 하나님이 나를 통해 아름다운 일을 하신 것 같다는 깨달음이 올 때.

- 복음의 자비에 너무 세게 부딪혀서 원수를 미워할 수 없을 때.
- 쓰레기 같은 내 모습에 발목이 붙들려 다른 사람의 죄를 비판할 수 없을 때(솔직히 비판이 즐거운데도).
- 외면하고 싶지만, 타인의 고난을 증언하지 않을 수 없을 때.
- 누군가가 자격 없는 나를 용서했는데 자신도 은혜에 붙들렸기 때문에 그리할 때.
- 세상에 끔찍한 일이 벌어져 도무지 말할 데도 없고 이해할 수도 없는데, 다만 내게 일단의 사람들이 있어 그들이 매주 나와 함께 모여 학내 총기 난사 같은 참사로 인해 애통하며 기도할 때.
- 내가 선택해서 사랑할 사람은 절대 아니지만 하나님이 내게 그분의 사랑을 가르치려고 보내신 사람을 사랑하다가 결국 내가 변화될 때.

거룩은 '회심한 나'가 만들어 내는 어떤 모습이 아니라, 그렇지 못한 나에게 다가온 하나님의 순간이야. 우리는 은혜를 '자격 없는 자에게 베풀어진 사랑'이라고 말하는데, 어느 순간이 지나면 사랑을 받은 내가 자격에 합당하지 못하여 하나님의 사랑에서 탈락했다고 여기거나, 자격에 합당하지 못한 사람을 탈락자로 정하는 것 같아. 누가 그럴 수 있겠어? 하나님이 창조주이신 것을 믿고, 우리와 비교할 수 없는 초월적인 분인 것을 믿으면, 나와 하나님을 좀 다르게 이해해야 하지 않겠어? 하나님 안에 우리가 거한다는 사실이 50:50의 지분 관계처럼 생각하면 곤란해. '보잘것없는 우리 삶에 하나님이 깃드셨다' 정도가 아닐까? 내 삶에 하나님이 스며든 모습이나 순간이 있다는 게 얼마나 놀라운 일인지 고백할 수 있어야 하지. 하나님이 내 안에 거하신다는 것이 $1:0.000000001$이어도 엄청난 거야.

이런 단어들의 뜻을 읽어 보면 어떤 생각이 드니?

[깃들다] 1 아늑하게 서려 들다. 2 감정, 생각, 노력 따위가 어리거나 스미다. [서리다] 1 수증기가 찬 기운을 받아 물방울을 지어 엉기다. 2 어떤 기운이 어리어 나타나다. 3 어떤 생각이 마음속 깊이 자리 잡아 간직되다. [스미다] 1 물, 기름 따위의 액체가 배어들다. 2 바람 따위의 기체가 흘러들다. 3 마음속 깊이 느껴지다. [스며들다] 1 속으로 배어 들다. 2 마음 깊이 느껴지다. [어리다] 1 눈에 눈물이 조금 괴다. 2 어떤 현상, 기운, 추억 따위가 배어 있거나 은근히 드러나다. 3 빛이나 그림자, 모습 따위가 희미하게 비치다. 4 연기, 안개, 구름 따위가 한곳에 모여 나타나다.

하나님과 나의 이 시간과 공간과 본질의 차이가 크게 느껴질수록 '깃들다-서리다-스미다-스며들다-어리다'라는 단어만으로도 얼마나 충분한지를 고백하게 되지 않을까? 비열하고 비겁하고 비천한 우리 삶에 하나님이 찾아오고 함께하신다는 게 얼마나 위대한 말씀인지를 잘 모르기 때문에 '죄책감과 두려움'으로 쌓아 올린 종교심을 만들고 싶은 게 아닐까?

죄책감과 두려움이 우리에게 필요할 때도 있지만, 그것으로 사람이 바뀌지는 않아. 우리는 사랑받고 이해받고 용납받았을 때 아주 조금 바뀔 만한 가능성이 생기는 존재야. 죄책감을 안고 하나님에게 나아갈 때, 나의 죄를 받아 주시는 하나님으로 인해 그 죄가 미워지게 되는 거야. 두려움을 안고 하나님에게 나아갈 때, '연약하고 깨어지기 쉬운 질그릇' 안에 보배로우신 예수 그리스도를 가득 담을 수 있는 거지.

박총 작가가 한 이 말을 기억해.

신은 내가 당신에게서 멀어질까 걱정하지 않는다. 오히려 당신에게 지나치게 얽매일까 걱정한다. 그분은 '결코' 멀어질 수 없을 정도로 크고 '결코' 벗어날 수 없을 정도로 깊다.

<박총 작가의 페이스북 글 중에서>

형, 교회에서는 **'영향력'**이라는 말을 참 많이 사용하는 것 같아. 몇몇 목사님을 보면, 진짜 그분들의 말 한마디가 영향력이 큰 것 같기도 하고. 그런데 실제로 그분들이 하는 말이 모두에게 다 옳은 말일까 싶어. 난 당장 **매일 먹고 사느라 힘든데** 말이야. 내 삶과 영향력이라는 말의 **괴리가 참 큰 것 같아!**

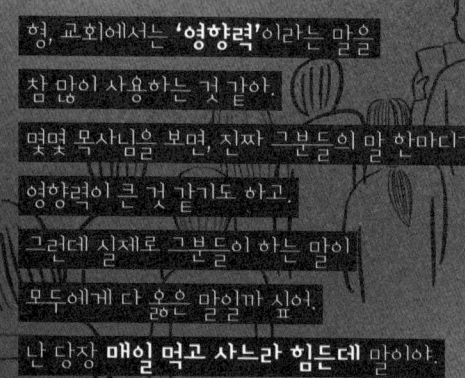

15 스타 목사, 그분들의 말은 다 옳아?

도시화가 이루어지면서 한국 교회가 크게 성장했어. 일단 도시에 왔는데 아무것도 없으니 "예수 믿으면 잘된다!"라는 말이 기쁜 소식이 되었지. 물론 이 말이 힘이 되기도 했지만 결국 '예수가 나를 번영시켜 준다'라는 번영 신앙이 되어 버렸지.

그때 하나님에게서 복을 뜯어내는 방법 중 하나가 '목사에게 순종하고 잘하는 것'이었어. 그 시절 교인들은 순진하고 착해서 목사가 뭘 하라고 하면 "네" 하고, 그대로 순종했지. 그런데 교회마다 목사로 인한 문제와 어려움과 갈등이 생기면서 교인이 수평 이동하는 현상이 생겨났지. 그동안 다니던 교회를 벗어나 세련되고 건강한 교회를 찾기 시작한 거야. 나는 이때를 '대형 교회 운동'

이라고 불러.

우선 건강함을 내세우면서 기존 교인을 대상으로 전도(모집)하기 시작했어. 또 교회별로 특별한 '사역'을 내세우기 시작했지. 어떤 곳은 선교, 어떤 곳은 경배와 찬양, 어떤 곳은 제자 훈련, 어떤 곳은 큐티, 어떤 곳은 치유 집회……, 이런 모습이었지. 자신들이 가진 '특별함'을 세미나를 이용해서 확장하는 시기가 되었어. 선교 단체도 많이 세워지고, 연합 집회나 연합 사역도 많아지면서 이른바 스타 목사가 등장하기 시작했지. 그때 생겨난 한미준(한국 교회의 미래를 준비하는 모임)이나 코스타(국제 복음주의 학생 연합회)는 스타 목사 등용문 같은 성격을 보이기도 했고.

몇몇 목사의 이전 시대와 다른 성공은 '신화'가 되었고, 성공 신화를 가진 사람이 말하는 '영향력'은 거대한 메시지가 되었지. 그래서 어느 순간부터 그리스도인의 삶은 '영향력' 있는 삶이어야 한다는 생각이 당연해진 듯해. 연이어서 '고지론'이라는 게 큰 화두가 되기도 했지. 그리스도인, 특히 그리스도인 청년은 고지를 차지해서 영향력을 발휘하는 사람이 되어야 한다는 거야. 그 말을 하는 화자가 거대한 성공을 거둔 1퍼센트에 속한 이른바 스타 목사니까 그 말이 맞는 듯하고 그 말에서 제외된 자신은 실패자처럼 느껴지는 상황이 되어 버려.

그런데 한번 물어보자. 너를 포함해서 너희 교회에서 사회에 영향을 끼치는 사람이 몇이나 될까? 또 반대로 물어보자. 이 세계에서 큰 영향을 끼치는 일론 머스크(테슬라 설립자)나 젠슨 황(엔비디아 설립자)은 그리스도인이야? 당장 너에게 영향을 끼치는 사람 중 그리스도인은 얼마나 되니?

서울시에서 조사한 바에 따르면, 서울에 거주하는 4인 가정 중 중위 소득, 즉 서울에 100가정이 살고 있다면 50등에 해당하는 가정의 소득이 2022년에는 한 달에 512만 1,080원이라고 해. 한국 경제 신문이 설문 조사한 것을 보니 우리나라 사람들은 중산층이라면 한 달에 686만 원을 벌어야 한다고 대답했고, 부동산과 금융자산을 합쳐서 9억 5천만 원 정도가 있어야 한다고 대답했더라고. 영향력은 무슨! 주위에 500만 원 이상 월급을 받는 사람이 몇 명이나 되니? 자산으로 10억이 있는 사람을 몇 명이나 알고 있어?

물론 지금은 영향력을 얻는 게 예전보다 쉬워진 시대이기도 하지. 인플루언서(influencer)라는 말이 생겨났고, 인스타그램이나 트위터는 인증 마크까지 만들어 주니까. 이런 현상은 모두 SNS가 확장되면서 생겨난 것인데 문제는 보통의 사람들이 SNS에서의 '평균의 함정'에 속게 된다는 거야.

대부분의 사람이 생각하는 평범한 삶이라는 수준이 지나치게 높다는 거야. '내 삶이 이 정도는 되어야 하지'라고 생각하는 것이 모두 상위 10퍼센트 이상의 삶을 향하고 있어. 우리나라에 자기 집을 소유한 사람이 1,500만 명 정도래. 인구의 30퍼센트 정도지. 그중 60만 명 정도가 서울-경기도에 집이 있어. 이중 절반 이상은 60

대 이상이겠지.

우리나라에서 누구나 들어 봤을 대기업에서 일하고 있는 인구가 16퍼센트 정도 돼. 그중 30퍼센트가 비정규직이야. 또 대기업에 속한 생산직을 제외하면 우리가 흔히 생각하는 대학을 졸업하고 취직하는 비율은 6-7퍼센트도 안 될 거야. 여기에 공무원과 공기업을 비롯한 국가 기관을 다 합쳐도 8퍼센트가 되지 않아.

2022년 기준으로 현재 의사가 9만 6천 명, 변호사가 3만 4천 명, 검사가 2,292명, 판사가 3,214명, 회계사, 세무사 등 전문직이 보통 직별로 1만 5천 명이야. 여기에 우리가 이름을 알고 지금도 꾸준히 활동하는 연예인은 한 1,000명 정도가 될까? 이 수를 다 합치면 우리가 이상적인 직업이라고 말하는 건 전체 10퍼센트나 될까?

그런데 우리는 내 삶의 기본 값을 수도권에 집 한 채, 월 소득 700-800만 원, 3,000CC 이상 자동차, 일 년에 한 번 이상 해외여행, 이상적인 직업을 60세까지 이어갈 수 있음을 전제하지. 그러면서 내가 넉넉하다고 생각하지도 않아. 그냥저냥 먹고살 만한 정도, 애들 키우면서 근근이 사는 정도라고 말해. 우리에게 대단한 욕심이 있진 않잖아. 그냥 이 정도의 삶을 죽을 때까지 유지하고 싶을 뿐이지. 이게 바로 SNS가 우리에게 '평균의 삶'을 엄청나게 높였다는 증거야. 하지만 내가 생각하는 평균이나 중산층으로 사는 것도 매우 어려운 일이야. 그런데 그리스도인은 영향력까지 갖춘 사람이어야 한다고? 결코 쉽지 않은 이야기지.

우리가 잘 아는 스타 목사. 이른바 1퍼센트의 목사는 한 영역에서 엄청난 성공을 거둔 사람임이 분명해. 그래서 더더욱 그들이 모든 삶의 형태를 대변할 수 없어. 인간은 자신의 상황과 시대와 역사의 한계 속에 존재하는 사람이야. 자신에게 기사가 있고, 비서가 있고, 어딜 가도 대우를 받고, 어딜 가도 존경을 받는 사람으로 10년 이상 그렇게 살면 뇌가 바뀐다고 하잖아. 이런 사람들이 먹고사는 문제나 노후 걱정이라는 걸 할까? 한 번도 한 적이 없을 거야. 이 사람들이 받는 급여나 한 번 설교하면 받는 금액, 책을 낸 후 받게 되는 인세가 모두 네가 생각하는 것보다 훨씬 많다는 걸 알아야 해. 스타 목사들이 퇴직하면 교회와 교단에서 생활비를 지원받고, 국민이니 국민연금을 받고, 개인이 들어 놓은 퇴직연금도 받고, 대부분 교회에서 제공한 집이나 교회에서 사 준 집에서 살아. 물론 이분들도 다른 이들이 겪지 않는 어려움과 아픔이 많지만, 비정규직 청년의 아픔을 알기는 힘들겠지. 경쟁에서 탈락하여 직업이라는 것을 아직 가져 보지도 못한 청년들을 어떻게 이해하겠어.

한 사람이 인생에서 누군가에게 영향을 끼칠 수 있는 시간이 얼마나 될까? 10년이 될까? 5년이 될까? 설사 살아가면서 누군가에게 영향을 끼치는 순간이 온다고 해도 우리 인생의 10분의 1도 안 되는 시간일 거야. 그럼, 나머지 내 삶의 10분의 9는 어떤 의미가 있는 걸까? 우리 시대에는 여전히 '신화'가 필요하고, 그것이 현대에는 '성공 신화'인 거야. SNS 시대 속에서 우리는 영향력이 커 보이는 사람에게 열광할 뿐이지. 그것이 곧 너의 삶일 수는 없어.

예전에 고위 공무원을 지내셨던 한 분과 대기업 사장급에 오르셨던 한 분, 군대에서 중장을 하셨던 분을 심방한 적이 있어. 그때 내 나이가 삼십 대 중반 정도였지. 이 젊은 목사를 앉혀 두고 이분들이 2-3시간 동안 하셨던 이야기가 있어. 공통으로 모두 화려했던 그 시절 이야기를 매우 신나게 하시더라고. 나는 그분들의 이야기를 들으면서 이분들은 평생 그때의 기억으로 살고, 그 이야기를 들어 줄 사람을 찾으면서 산다고 생각했어. 그런데 모두 행복한 노년을 보내는 것 같지는 않았어. 오히려 주위에 친밀한 사람이 없고, 심지어 부부간에도 어려움이 많았어. 그분들의 아내들은 남편이 집에 좀 없었으면 좋겠다고 말씀하신다고 해. 자기가 성공을 거두기 위해 희생한 아내에게 미안함과 고마움을 가지고 살아야 하는데 그것이 잘 안되시나 봐. 오히려 비서나 기사가 없는 지금의 삶을 불편해하지. 아내가 여전히 그렇게 해주기를 바라고.

엄청난 영향력을 가지는 게 신앙의 목표나 신앙의 결과일 수 없어. 우리 삶의 그런 순간이 찾아오면 겸손하게 하나님에게 감사하고 다만 운이 좋았을 뿐이라고 말할 수 있어야 하지.

예수님이 기도를 가르쳐 주셨잖아. 그중 "우리에게 일용할 양식을 주시옵고"라는 구절이 있지. 예수님이 유대 사회에 있을 때 사람들은 하루 한 끼 먹는 게 중요했지. 그만큼 절대적인 가난과

빈곤에 있었던 사람들이야. 오병이어 사건으로 사람들이 예수님에게 더욱 열광하게 된 결정적인 이유도, 예수님이 모인 사람들의 굶주림을 걱정하셨던 이유도 모두 한 끼를 먹는 게 쉽지 않았기 때문이지. 그래서 예수님이 기도할 때 '일용할 양식'을 구하는 기도를 하라고 하신 거야. 거대한 문제만 들으시는 하나님이 아니라 우리의 사소하고 필요한 문제를 구하는 기도도 기뻐하시는 하나님을 알려 주신 거지.

지금은 한 끼를 걱정하는 시대는 아니잖아? 그 한 끼가 인스타그램에 올릴 만한 한 끼인가를 걱정하는 시대이지. 그러면 우리 시대에 '일용할 양식'은 무엇일까?

<싱어게인 3>이라는 프로그램에 홍이삭이라는 가수가 나왔어. "하나님의 세계"라는 곡으로 이미 교회에서는 좀 알려졌지만 무명 가수로 출전했어. 그러면서 "나는 유통기한을 알고 싶은 가수다"라고 자신을 정의하면서 시작했지. "내가 언제까지 할 수 있을까? 한계와 답답함을 안고 살고 있다"고 말했어. 무엇보다 부모님을 만나는 장면에서 나온 한 인터뷰가 기억에 남아. "아들로서 부끄러운 게 많거든요. 뿌듯하거나 자랑스러운 사람이라는 생각이 들지 않아서. 보통 사회에서 보여지는 든든한 아들 이미지가 아니니까요. (지금까지의 삶이) 별것도 아니고, 아무튼……."

우리는 홍이삭 가수에 대해서도 이렇게 반응할 것 같아. 탁월함을 가지고 노력했더니 이렇게 영향력이 있는 사람이 되었다. 이

제는 교회를 안 다니던 사람들도 홍이삭을 보면서 교회를 나오니 얼마나 위대한 삶인가? 우리는 이런 삶을 살아야 한다.

그런데 나는 아니라고 말하고 싶어. 홍이삭에게 가장 위대한 신앙의 시간은 '보잘것없고, 별것도 아닌 하루를 충실하게 살아 낼 수 있도록 한 그 하루의 일용할 양식'이라고 생각해. 지루하고, 반복적이고, 나아질 것 같지 않은 그 불안과 아픔을 안고 있는 하루에 '충분한 의미'를 부여해 줄 수 있는 것이 신앙이라고 생각해.

남이 가질 수 없는 성공을 가진 건 신앙이 없어도 즐거운 일이야. 하지만 그 성공의 자리에서 물러났을 때, 다시 무명에 무익한 존재가 되었을 때, 그때 즐거워할 수 있는 건 신앙에서만 찾을 수 있는 '능력'이지.

스타 목사, 1퍼센트 목사보다 네 아빠가 더 위대한 그리스도인이야. 네 엄마가 더 대단한 그리스도인이야. 스타 목사인 그분들이 하는 말이 모든 삶을 대변할 수 없고, 그분들도 상황과 역사와 시대의 한계에 국한된 사람이라는 걸 꼭 기억해야 해.

보잘것없는 하루의 삶에 '충분한 의미'를 가지고 오늘도 친절하게 사람을 대하고 있다면 100점 만점에 100점인 그리스도인이야. 특별해지려고 하지 말고 아무것이 아니어도 괜찮은 네가 되면 좋겠어.

16

사모님들은 왜 다 미인이야, 목사님들은 왜 그 길을 가신 거고?

목사를 궁금해한다는 건 한편으로는 교회가 지나치게 목사 중심적인 구조가 되어 있어서라는 생각이 들어. 국가에 입법권, 행정권, 사법권이 있고 그 세 권력이 서로를 상호 견제하게 되어 있다면, 교회는 입법권, 행정권, 설교권(?)을 모두 목사가 가지고 있고, 목사가 최종 결정권자가 되지. 나는 이 구조 자체가 이 시대와 맞는 건지 의구심이 들기도 해. 아무튼 질문한 것에 답을 해 볼게.

우선 목사 아내가 미인인 이유, 이것은 좀 오해가 있어. 너의 기억이 편향되어 있기 때문일 거야. 물론 내 아내는 열방 최고의 미인이지만 일반화하기는 어려워. 그런데 교회에 속한 많은 사람이 흔히 이렇게들 생각해.

몇 가지 이유를 들 수 있어. 교회는 일단 남성보다 여성 비율이 훨씬 높지. 그리고 남성 사역자는 대부분 정장을 입고 교회에서 사람들을 이끄는 위치에 있어. 교회 안에서는 존중받고 인정받는 위치야. 그런데 20대 여성이 만날 수 있는 남성 중 이런 모습인 사람은 별로 없어. 학생이거나 이제 막 사회생활을 시작했는데 막내 중 막내여서 힘들어하는 모습이지. 20대 여성들이 보기에 누군가를 지도하고 매일 정장을 입은 단정한 모습은 호감을 느낄 만한 이유가 될 수 있어. 물론 그 안에 부르심과 하나님이 주신 소명이 있지만 호감에 대한 이유를 이야기하자면 그렇다는 거야.

그리고 남성이 적은 교회에서 '믿음 좋은' 남자를 찾기란 쉽지 않아. 그러니 믿음 좋은 자매들이 자연스럽게 신학생들에게 관심을 갖게 되는 것도 이유가 될 수 있어. 사모들 중에 미인이 많다는 건 관점의 문제라고 생각해. 미인인 자매들이 목사가 아닌 사람과 더 많이 결혼할 텐데, 교회 안에서 목사라는 한 직업군만을 놓고 보면 그렇게 보이기도 하겠지. 그렇지만 난 이렇게 말하고 싶어. 겉모습이 미인인 사모보다 마음이 아름다운 사모가 훨씬 많다는 걸!

다음으로 목사에 대해서 이야기해 볼까? 우선 어떤 사람이 목사가 될까? 이 부분을 이해하는 건 참 중요해. 만약 네가 목사를 해야겠다는 결심을 했다면 무슨 이유에서 그랬을까 한번 생각해 봐. 목사가 되려는 사람은 인생에서 한 번 쯤은 매우 큰 상실이나 결핍을 겪은 사람이 많아. 나만 하더라도 중고등학교 때 불우하게 느꼈던 가정 환경이 목사가 되는 결정적인 이유였어. 중고등학교 때 목사가 되기로 결심한 사람은 불우한 가정 환경인 경우가 많지.

좀 늦은 나이에 목사가 되기로 결심한 사람은 큰 사고나 질병에서 극적으로 회복이 되었다거나, 소중한 사람을 잃게 되었다거나, 사회에서 실패와 좌절을 겪고 나서 목사로 헌신한 경우가 많아. 이런 경우가 아니면 이른바 '서원파'가 있지. 부모님이 어릴 적에 서원했거나 부모님이 목사여서 목사를 해야 한다고 생각한 경우가 있어. 아니면 어릴 적에 죽을병에 걸렸는데 극적으로 낫게 되어서 목회자가 되기로 결심한 경우도 서원파에 속하겠지.

목사를 이해하는 데 중요한 점이 바로 목사도 '결핍과 상처'를 입은 사람들이라는 점이야. 서원파라고 불리는 사람들도 내가 원하는 바를 할 수 없고, 어릴 때부터 '꼬마 목사'로 불리며 억압된 상처를 안고 목사가 된 사람이 많아. 부모님이 목사인 경우 대부분은 경제적으로 어려웠던 시절을 경험했고 그것에 대한 결핍이 있지. 간혹 큰 교회를 물려받기 위해서 목사가 된 경우도 있는데, 이 경우는 오늘 이야기하는 것에서 제외할게.

어쨌든 개인사와 사회 배경이 있는 상황에서 '영적 경험'을 통해서 목사가 되지. 이른바 인격적인 예수님과의 만남과 부르심의 순간을 지나게 돼. 그러고 나서 '신학교'에 가서 공부하고 교회 실습 과정을 거쳐서 목사 안수를 받게 되는 거야.

상처와 결핍, 그리고 영적 경험은 꼭 목사가 된 이들 말고도 모두에게 일어나는 일이라고 생각해. 중요한 건 그 이후인 '신학교' 과정이라고 봐야 해. 상처와 결핍, 영적 경험은 '주관적'인 일이야. 나에게 일어난 일이고, 나만 경험한 일이고, 모두에게 같을 수는 없는 문제야.

신학교 과정은 이 주관적이었던 본인의 경험을 '역사적, 학문적'으로 객관화하는 작업이라고 볼 수 있지. 나에게 있었던 그 영적 경험을 가져오게 했던 상처와 결핍을 하나씩 하나씩 펼쳐 놓는 작업이라고 말할 수 있어. 목사에게는 이 훈련이 필수적이야. 내가 경험한 하나님을 결국 타인에게 전달하는 사람이잖아. 내 주관적인 경험을 객관화하여 전달할 수 있는 능력과 그런 겸손함도 배워야 하는 게 신학교 과정이야.

나도 신학교를 다닐 때 그랬지만 그 과정을 지나는 건 참 두려운 일이야. 내가 기억하고 싶지 않은 '상처와 결핍'을 가지고 영적 경험을 통해서 목사가 되기로 결심한 거잖아. 그 주관적인 경험을 더 강화하고 싶은 게 인간의 마음이야. 더 확실하게 경험하고 싶고, 내가 원하는 때에 내가 원하는 방식으로 반복해서 경험하고 싶어져. 그런데 그것을 객관화하는 건, '내가 그동안 무엇을 믿고 있었나?' '잘못 믿었던 건 아닌가?' 이런 의심까지도 들 수 있는 일이지. 안타깝게도 신학생들이 그 과정을 지나가려 하지 않는다는 거야. 나도 그랬고. 내가 가진 주관적 신앙을 더 강화하기 위해서 신학교를 생각하기도 하니까. 교회 안에서는 자기 부인이 예수님을 따르는 신앙이라고 말하지만 정작 그 내용은 온통 자기 강화인 경우가 많은 이유도 여기에서부터 시작한다고 생각해. 목사에게 그런 경험이 없으니 그 목사가 이끄는 교회 안에는 온통 '자기 강화'의 구호 밖에는 나올 수가 없는 거지. 교회에서 말하는 믿음이 '자기 확신'과 '세게 거칠게' 믿는 거라고 생각하는 이유도 여기에 있는 것이고.

목사를 무당처럼 생각하는 사람도 참 많아. 목사 스스로가 본인에 대해서 그렇게 생각하는 경우도 있어. 신병이 나고(상처와 결핍), 신내림을 받아서(영적 경험), 신병이 고쳐져서 나를 고친 분을 통해 미래 일을 말해 주고 복을 전달해 주는 역할이 목사가 되어 버릴 수도 있는 거야. 이런 경우, 목사는 위험해질 수 있어. 성경을 읽으면서 자기 해석만 옳다고 말하고, 영적 경험을 했다고 하면서 자기주장이 하나님의 뜻이라고 말하기가 쉽지. 자기를 반대하는 사람은 하나님을 반대하는 사람처럼 대하고, 자기는 선이니까 선에 동조하지 않는 사람은 모두 악으로 취급하기 쉬워. 극단적인 이분법과 유치한 영적 언어를 가지고 모든 걸 설명하기도 해.

목사가 교회에서 해야 하는 역할은 설교, 행정, 목양이야. 우선 행정은 교회 공동체가 예측할 수 있게 움직일 수 있도록 하는 일, 또한 모두가 충분히 예상하며 안전하게 동참할 수 있도록 하는 섬김이라고 할 수 있지. 그런데 목사가 '자기 영적 경험'이 중요해지면 이런 행정은 작동되지 못해. 목사가 어떤 음성을 들어야만 뭔가가 진행되고, 뭔가가 진행되더라도 갑자기 바뀌게 되지. 그러면 공동체의 몫은 어떤 상황에서도 우리를 인도하는 목사의 말에 얼마큼 순종할 수 있는가로 바뀌게 되지.

그다음 설교도 마찬가지야. 목사가 경험한 것을 반복하는 게 이상점이 되어 버려. 그 경험을 방해하는 건 모두 불손한 게 되고, 순도를 떨어뜨리는 일처럼 표현하게 돼. 점점 세상에 관한 관심을 끄게 되고 목사가 경험한 것을 모두가 반복 경험하는 게 중요한 일이 돼. 성경을 연구할 때도 그 본문이 놓인 맥락을 연구하고, 그 맥락에서 지금 현실에 빗대어 하나님의 말씀을 찾아가지 않아. 어떤 단어에 대하여 본인의 경험, 본인의 이야기, 주위 목사님의 이야기, 역사 속의 목사님 이야기 등 그렇게 예화에 예화를 연결하면 신기하게 그게 또 은혜로워! 재미도 있고 감동도 되고 말이야.

마지막으로 목사가 성도를 만나서 위로하고 때로는 권면하는 목양에 대해 말해 볼게. 여기에서도 목사가 성도의 '삶의 자리', '고통의 문제'를 이해하지 못하거나 가볍게 대할 수 있어. 이 세상이 어떤 곳인지, 이 현실 속에서 믿음으로 산다는 것이 어떤 의미인지 치열하게 갈등하며 사는 삶이 아니라 이 세상은 떠나야 할 곳, 죽지 못해 사는 곳, 빨리 천국에 가야 하는데 잠시 머무는 곳으로 생각한다면 성도가 경험하는 고통과 아픔과 상처에 대해서는 "뭘 그런 걸 걱정하고 그래요? 기도나 열심히 하세요"라는 말 외에는 할 말이 없어지지.

자기 객관화가 가장 안 되는 직업군이 있다면 '목사'일 거야. 내가 생각할 때, 좋은 목사님은 자기 객관화를 위해서 노력하는 분이라고 생각해. 그게 '자기 부인'의 다른 표현인 것이고. 성경만 읽는 목사님, 경건 서적만 읽는 목사님은 위험할 수 있어. 내가 해석하는 것만 진리라고 생각할 수 있거든. 다른 해석 속에서, 전혀 다른 삶의 배경 속에서 고민하고 갈등하고 의심하는 사람이어야 해.

목사에게 필요한 건 폭넓은 독서와 세상 이해야. 그게 목사가 다른 데 관심을 두지 않고, 끊임없이 자기 강화로 흘러가는 신앙을 객관화하려는 노력이지. 목사가 이런 노력을 안 하면 결국 이상한 것을 믿을 수 있어. 결국 성도는 목사가 말하는 것을 믿어서는 안 되는 상태가 될 수도 있지. 복음서에 예수님이 바리새인과 서기관과 제사장들과 논쟁하는 장면이 여러 번 나와. 손 마른 사람이 나아도, 귀신 들린 자가 자유를 얻어도, 혈루병을 앓던 여인이 고침을 받아도, 죽은 소녀가 생명을 얻어도 바리새인과 서기관과 제사장은 공통된 반응을 보였어. 누구도 기뻐하지 않는다는 거야.

자기 동네에 아팠던 이들, 불치병에 걸렸던 이들, 큰 상실을 겪었던 이들이 고침받았는데 기뻐하지 않아. 그 대신 무엇을 하는 줄 알아? 자신이 알고 있던 율법으로 예수님의 행동을 정죄해. 예수님이 지적하신 그들의 문제는 날마다 율법을 끼고 살며 율법을 연구하지만 자기 강화의 도구로만 사용되는 그 신앙이었어. 다른 이를 정죄하고 감시하기 위하여 사용되는 그 신앙이 모두를 억압하고 있다고 말씀하신 거야. 내가 믿는 것을 객관화하려는 자기 부인의 과정을 거치지 않는 목사는 누구보다 위험한 사람일 수 있어.

교회는 '진심, 순수, 헌신'이라는 말을 자주 사용하는 것에 비해 이 말이 얼마나 위험한 말인지 고민해 보지는 않는 것 같아. 쿠데타하는 군인, 사람에게 해를 가하는 강도나 절도범도 모두 진심으로 하거든. '순수'라는 말 속에 자신을 속이며 남도 속이고 있을 수도 있어. '헌신'이라고 말하지만, 지연된 보상을 바라며 마치 지금은 순수한 헌신을 하고 있다고 생각할 수 있지.

목사가 이야기하는 '진심' '순수' '헌신'도 알 수 없어. 우리는 사람이 '이타적 존재'가 된다고 너무 간단하게 믿는 것 같아. 우리는 당연히 난 바나바이고, 아나니아와 삽비라는 아닐 거라고 생각하지. 그럴 거면 예수님이 왜 십자가에서 돌아가셨겠어? 목사도 마찬가지야. 목사도 욕망이 있고, 성공하고 유명해지고 싶고, 영향력을 가지고 싶어 하는 존재야. 그러기 위해서는 사람이 많아져야 하고, 성공적인 사역이 되어야 하고, 교회나 설교가 바이럴(입소문)이 되어야 하는 어쩔 수 없는 존재가 목사야. 성도도 대부분 그런 면으로 목사를 성공한 목사와 아닌 목사로 판단하지 않나?

난 너에게 목사란 '하지 않던 고민을 던져 주는 사람' 그리고 '맑은 사람'이면 좋겠어. 영적인 아버지, 위대한 지도자, 영적 세계로 날 이끌어 주는 분, 그분 말대로 하면 성공이라는 축복을 안겨다 주는 존재가 아닌, 사느라 바빠서 고민하지 않았던 문제를 고민하게 해주고, 혼탁하고 분주하기만 한 마음에 시원함과 맑음을 줄 수 있는 사람이면 목사로서 충분하다고 생각해.

개신교회는 목사가 결혼하고 가정을 갖도록 하고 있지. 이건 일반 성도와 다름없는 삶을 살아가라는 의미야. 교회 안에 갇혀서, 주위에 목사만 있고, 목사들만 만나는 목사일 수도 있고, 골방에서 혼자 기도만 하고, 다른 분야의 책은 읽지 않거나 읽어도 이해를 할 수 없는 목사일 수도 있는데, 그들을 다른 존재처럼 생각하지는 않았으면 좋겠어. 목사도 보상이 필요하고, 인정이 필요하고, 친절하게 대해 줄 사람이 필요한 존재야. 그도 잘되기를 바라는 자신의 욕망이 누군가의 유익이 되길 기도하는, 목자이신 예수님 앞에서 한없이 어리석은 양이지.

상처와 결핍으로 인하여 다른 이의 상처와 결핍을 함께 아파하는, 하나님과의 깊은 관계로 인해서 눈에 보이는 것과 현실을 따르지 않는 용기를 지닌, 자기 강화가 아닌 자기 객관화와 자기 부인으로 삶을 채워 나가는, 믿음으로 한 선택이 누적된 삶으로 말해 주는, 그런 사람이 목사가 되면 좋겠어.

넌 내가 그런 사람이 되도록 기도해 줘!

형, **모범 교인**은 대체 어떤 사람들이야?
'십일조, 주일성수, 교회 봉사' 잘하는 사람?
그리고 유독 목사님들은 회개의 문제를 말씀하실 때,
'야동 보는 행위'랑 **'불평하는 모습'**을 자주 언급하시는데,
우리가 고민해야 하는 **죄의 문제**는
딱 여기까지인 거야?
대체 모범 교인의 삶은 어떠해야 해?

17
모범 교인은 야동은 안 보고, 교회에 사는 사람인가?

우리 삶도, 신앙도 목적을 어떻게 설정하느냐가 참 중요해. 예수님은 주는 그리스도시요 살아 계신 하나님의 아들이라는 신앙고백을 하는 모든 이를 교회로 부르셨는데 그 교회 된 성도가 말하는 목적이 '주일성수, 십일조, 교회 봉사'라고 한다면 좀 슬퍼져. 그렇게 된다면 우리가 신앙생활을 하는 목적은 '교회에 갇힌 사람', 더 심하게 이야기하면 '교회에 억압된 사람'이 되는 거라고 할 수 있겠지. 여기에 더해서 성도의 의무는 '전도 생활, 기도 생활, 말씀 생활' 무한대로 붙일 수가 있어. 다 좋은 거야. 그런데 성도가 뿌리내리고 사는 삶에 대한 고민은 없다는 게 문제야. 교회를 다니는 성도에게 의무가 있다면 권리도 있어야 하는데, 교회를 다니는 성도의 권리는 뭐라고 말할 수 있을지 걱정이 되네.

사람이 죄책감과 수치심을 크게 느끼는 부분이 '성' 문제야. 그래서 죄의 문제를 다룰 때 많이 사용되고, 자신이 죄인이라는 것을 깨닫게 하는 데 참 효과적인 부분이기도 하지. 집회나 예배 때에 어떤 죄 문제보다도 회중에게 죄의식을 느끼게 하고, 죄책감을 갖게 하는 데 '성'보다 빠른 게 없어. 그렇기 때문에 성이 죄의 대표가 되었다고 할 수 있지. 많은 청년이 개방화되는 성 관념 속에서 혼란을 겪기도 하고, 우리가 매일 보는 매체에는 정도의 차이만 있을 뿐 야하고 자극적인 내용이 많아서 우리 삶이 성 문제를 벗어나기는 어려워.

불평의 문제는 사람이 모인 곳에 늘 일어나는 일이지. 사람은 누구나 말로 친해지는데 그 과정에서 타인을 향한 말이 중요해. 거기에서 동질감도 느끼고, 일체감도 느끼기 때문에 불평과 험담은 사람이 모인 모든 곳에 존재해.

그런데 지금 이야기한 이 세 가지에서 공통된 문제가 있어. 그건 바로 '개인에 국한된 신앙'이라는 점이야. 신앙의 목표를 '개인'에게 맞춘 거지. 교회를 다니는 성도의 의무가 '십일조, 주일성수, 교회 봉사'라면 성도는 그 외의 문제에 대해서는 어떤 고민을 하고, 어떤 선택을 하고, 어떤 견해를 가졌는지를 물어야 하지. 이렇게 하지 않으니 우리는 교회에서 신앙이 좋다고 하는 사람을 '십일조, 주일성수, 교회 봉사'를 잘하는 사람으로 설정을 해 두고 사는 문제가 생겨 버린 거야.

　죄에 관한 이야기를 다시 하면, 죄가 스스로 하나님이 되고자 하는 거잖아. 그리고 그 죄는 하나님과 이웃과 나와의 관계에 영향을 끼치고, 하나님에 대해서는 그 영광을, 찬양을 가로채려는 모습으로, 이웃에 대해서는 지배욕으로, 나에 대해서는 자기혐오나 학대의 모습으로 나타나게 돼. 그 죄에서 우리가 건짐, 즉 구원받았다는 것은 그 반대 방향으로 나아간다는 뜻이지. 교회를 다닐수록, 신앙이 깊어질수록 그 사람은 하나님과 이웃과 나와 다른 관계를 맺게 되는 거야. 신앙의 목표는 내가 맺고 있는 모든 관계에 다른 방식의 관계가 시작되는 거야.

　그런데 그 자체는 엄청난 저항이지. 이 세상의 방식과 전혀 다른 관계 맺음이거든. 신앙은 우리에게 무엇을 추구할지를 묻는 거라고 생각해. '추구'(追求)라는 단어는 쫓을 추, 구할 구라는 한자가 합쳐진 것인데, '목적을 이룰 때까지 뒤쫓아 구하다'라는 뜻이야. 우리는 이 현실의 삶에서 무엇을 추구할 것인지, 그 속에서 나는 어떤 관계를 맺으며 살아갈지를 물어야 해. 성도는 자신이 부름받은 곳인 가정과 일터와 지역 사회 속에서 다른 추구가 있기 때문에 다른 관계를 맺은 자로 살아가는 거야. 폭력과 불의, 부정과 거짓, 부패와 욕망, 미움과 다툼, 시기와 무관심, 사랑과 진리가 사라진, 정의와 진실이 사라진, 불의한 재판들이 난무하는, 내 마음의 평화가 평화를 이루어 가는 삶보다 중요해진, 내가 속한 이익 집단만을 위한 싸움이 일어나는……, 이런 현실 세상 속에서 우리는 성도로 살아가는 거야.

성적인 문제도 우리가 얼마나 개인화된 신앙을 가졌는지를 알게 하지. 예를 들어, 우리가 영상을 통해 어떤 사람을 보며 음란한 행위를 했다고 가정해 보자. 그러면 회개해야 할 것은 그 행위를 한 나의 죄책감에 대한 것일까? 아니지. 회개해야 할 것은 내가 성적 대상화한 그 사람에 대한 미안함이지. 나의 성욕을 해결하기 위한 대상으로 삼았던 그 사람의 존엄성에 대한 죄책감을 느껴야 하는 거야.

우리가 하나님 나라를 살아간다는 건 단지 그 속에서 회개가 '내 죄책감의 해결' 혹은 '구원 마일리지 적립'을 하는 게 아니야. 하나님 나라를 살아가는 이에게 회개는 '다른 방향'이지. 그 다른 방향은 나를 넘어서는 방향이야. 나를 위한 회개나 나를 위한 죄책감 해소가 아니라 그 죄로 인해서 깨어진 관계의 회복이 되어야 하는 것이지.

우리가 불평의 문제도 같은 관점으로 생각해야 해. 한 사람을 험담하면서 왜 다른 사람과는 친밀한 관계를 맺으려 하는지, 또 누군가를 험담의 대상으로 삼아 재미를 느끼면서 나는 어떤 우월감을 얻고자 하는지, 뒤에서 그 사람을 평가하면서 내가 어떤 지배욕을 나타내고 있는지를 물어야 해. 단지 그 행위에 대한 극복이 아니라 우리는 관계 안에 깃든 스스로 하나님이 되고자 하는 욕심을 깨달아야 해. 여기에서 욕구와 욕망과 욕심을 구분할 필요가 있어. 사전적 의미를 살펴보자.

욕구: 무엇을 얻거나 무슨 일을 하고자 바라는 일.
욕망: 부족을 느껴 무엇을 가지거나 누리고자 탐함. 또는 그런 마음.
욕심: 분수에 넘치게 무엇을 탐내거나 누리고자 하는 마음.

욕구는 선한 것이야. 욕구는 하나님이 우리에게 주신 중요한 감정이고 의지야. 우리는 욕구가 있기 때문에 바라고, 행하고, 노력하지. 어떤 것에 욕구가 생긴다는 건 사실 무지 행복한 일이야. 우리가 건강하다는 의미이기도 하고. 너무나도 값진 일이야. 욕구는 우리에게 살아가는 이유를 주기도 하고, 사명이 되기도 하지.

그런데 욕망은 회색 지대와 같은 개념이야. 욕망은 일종의 사이렌 같은 것이지. 욕망이 발동되면 경계하고 주의해야 해. 이때부터 탐하는 마음이 들기 때문에 우리가 악한 마음에 빠지기가 쉬워. 욕심은 필요치 않아도 나에게 채워 넣는 거야. 욕심은 명백하게 죄라고 할 수 있어.

배가 고픈 것은 욕구야. 배가 부른데 더 먹고 싶은 것은 욕망이고 과식과 탐식의 경계에 서게 돼. 그런데 나는 배부른데 다른 이가 먹는 게 아까운 건 욕심이야. 나는 충분히 배부른데 음식을 내 냉장고에 가득 두려고 하는 것이 바로 욕심인 거야.

교회에서 하는 말이 때로는 욕구, 욕망, 욕심 모두를 부정하는 말이기도 해. 수동적이고, 생각하지 않고, 좋은 게 다 좋은, 의식도 없고, 취향도 없는 사람을 이상적인 모습으로 말하기도 하지. 개인화된 신앙이 가진 문제점은 우리는 언제 완전해질 수 있는가에 대한 질문으로 이어져. 완전해야만 다음 단계로 넘어갈 수 있는 사람이라면, 완전한 사람만 어떤 의견을 말할 수 있는 것이라면 우리는 절대로 도달할 수 없지. 우리는 모두 개인의 죄도 극복하지 못하면서 다른 것에 이런저런 이야기를 하는 존재가 되는 거야.

메시지가 아닌 메신저를 공격하라는 말이 있잖아. 교회 안에서도, 신앙에서도 이런 문제가 생기게 돼. 누가 자격이 있어? 너는 '주일성수, 십일조, 교회 봉사'를 완벽하게 했어? 그 의무를 행하지 않은 사람이 교회의 문제점이나 목사의 부당함을 말하면 안 되는 상황이 되는 거야. 개인의 신앙에서도 마찬가지야. 욕구가 다 해결이 된 사람만 어떤 자격을 얻는 것이라고 한다면, 우리는 이 사회 문제나, 교회 문제에 어떤 언급도 하면 안 되는 사람이 되는 거지.

개인 신앙이 목적이 되면, 우리는 어느 것도 할 수 없어. 신앙의 목표를 '개인'에 국한하면 우리는 왜곡될 수밖에 없지. 도달할 수 없는 지점 이후에 뭔가를 할 수 있다는 건 '종교 가스라이팅'이야.

목사가 지닌 타인을 향한 '지배욕', '하나님 대신 찬양을 받으려는 모습', '자기애와 인정받으려는 모습'을 볼 수 있어야 해. 또 성도가 지닌 '나는 목사님이 특별히 불러서 이런 부탁을 하는 우월한 사람이라는 선민의식', '눈에 보이는 우상을 만들고 거기에서 안정감과 서열에 들려는 마음', '자기애와 인정받으려는 모습', 그리고 '자기 학대의 모습'을 볼 수 있어야 해.

우리는 스스로에게 이런 질문을 해야 해. 나는 무엇을 추구하고, 그것을 추구하는 과정에서 하나님과 이웃과 어떤 관계를 맺고 있는가? 나는 하나님 나라와 하나님의 뜻을 추구하는가? 그 속에서 겪게 되는 성공과 실패 속에서 나는 하나님을 향하여 어떤 고백을 하는가? 나는 성공 속에서 미안한 마음을 지니고 살아가는가? 나는 성공 속에서 하나님이 허락하신 기가 막힌 섭리와 행운을 고백하는가? 나는 성공 속에서 나를 격려하고 있는가? 나는 실패 속에서 다른 이를 원망하지는 않는가? 나는 실패 속에서 내 책임을 면할 핑계를 만들고 있지는 않는가? 나는 실패 속에서 나를 여전히 격려하고 있는가? 나는 내 실패가 하나님 때문이라고 하지는 않는가?

이것을 생각하고 질문하면서 사는 삶이 그리스도인의 삶이 아닐까? 나는 그렇게 생각해. 복음은 "하나님이 나를 사랑하신다"이고, 하나님 나라는 "하나님이 쟤도 사랑하신다"야. '난 과연 하나님 나라를 갈망하는가?', '쟤도 같이 가도 되는가?'를 생각해야 해.

형, 내가 교회에서 충격적인 말을 들었어.
"무작정 쉰다고 피로가 해소되는 건 아닙니다.
참된 안식은 주일성수를 하는 겁니다.
예배드리고 봉사하며 영적으로 충전되어야
진짜 쉼이 일어납니다."
이 말을 들으면서 드는 생각은 딱 하나였어.
난 그러면 언제 쉬지?

18
안식일에 죽도록 교회 봉사하면, 진짜 안식이 아니잖아?

쉼(안식)은 우리에게 꼭 필요한 거야. 나도 성도가 월요일에 쉬는 목회자를 부러워한다는 말을 들어 본 적이 있어. 월요일부터 금요일까지 일하고, 토요일은 가족과 지인을 챙기고, 주일은 교회에서 하루 종일 봉사하는 삶을 사니까 월요병이 더 커진다는 이야기도 듣고.

안식에 담긴 하나님의 마음이 창조 기사에 기록되어 있어. 하나님은 인간이 자유를 통해 선택할 때에 안식을 얻을 수 있도록 하신 것 같아. 우리가 자주 사용하는 '자유 의지'라는 개념도 안식과 연결이 되어 있지.

고대 근동에 여러 창조 이야기가 있어. 이집트나 그리스에도 인간 창조 이야기가 있지. 그 창조 이야기에는 공통된 모습이 있어. 신에게 서열이 있어. 우월한 신이 있고, 열등한 신이 있지. 우월한 신은 늘 파티를 열어서 먹고 마시고 즐기지. 그런데 신으로서 일을 해야 하니 열등한 신에게 모든 노동을 맡기는 거야. 그러다 보니 열등한 신이 열받는 거야. 자기도 저 파티에 끼고 싶은데, 일만 하니까. 그래서 열등한 신이 인간을 만들어. 그 인간에게 노동을 맡기고 자기는 파티에 함께하는 거지. 이렇듯 인간은 신의 노동을 대신하는 존재로 창조되었다는 거야.

이집트나 바벨론이나 아카드나 그리스나 비슷한 이야기를 가지고 있어. 인간은 결국 노동을 위해서 지음받았거나 혹은 군대에 복무하기 위해서 만들어졌다는 거야. 그런데 그런 인간에게 문제가 생기니 '특별한 신의 형상으로 인간'을 만들어서 지도자가 되게 해. 그게 보통 '왕'이지. 신은 왕에게 인간의 노동력을 통제하는 권한을 위임한 게 되는 거야. 결국 인간은 '왕을 위해 노동과 군사력을 제공하는 존재'로 지음받았다고 말하는 거지.

살짝 이상한 냄새가 나지 않아? 그런데 창세기에 나오는 말씀은 충격 그 자체야. 우선 하나님은 모든 사람을 '하나님의 형상'으로 만드셨어. 신의 형상을 따라 모든 사람을 지으셨지. 왕도 하나님의 형상을 따라, 노예도 하나님의 형상을 따라 지음받았다는 거야. 누구도 구분하지 않고, 존재하는 모든 인간이 하나님의 형상을 따라 지음받았다는 선언이야. 그리고 더 충격적인 이야기가 나와. 그 하나님의 형상으로 지음받은 인간에게 하나님이 처음으로 가르치신 것이 '안식'이라는 사실이야. 지음받은 사람에게 하나님이 처음 함께하신 것이 '신의 안식에 초대'하신 거야.

노동이 인간에게 주어진 삶이 아니라 인간에게 주어진 삶이 하나님과 함께 안식의 기쁨을 누리는 것에 있는 거지. 하나님은 그 안식의 정점으로 인간에게 자유를 주신 거야. 내가 자유롭게 선택하여 누릴 때, 인간은 비로소 참된 안식을 할 수 있기 때문이지. 그래서 성경에서 안식은 모두가 누려야 한다고 말해. 남자, 여자, 어린이, 종, 그리고 짐승까지도 안식을 누려야 한다고 말이야.

하지만 안식은 나 자신을 하나님 삼아 살아가는 삶 때문에 망가지기 시작해. 불확실과 불안이 우리 삶의 동기이고 출발이 되면서 안식이 사라지게 돼. 우리는 하나님의 뜻을 따라 살아가는 삶이 아니라 '다수의 믿음'이 흐르는 대로 살아가게 되어 버렸어. 우리가 군중 심리 속에서 살아갈 수밖에 없으니, 우리가 선택하는 자유라는 것이 실제로는 누군가의 시선에 따라 선택하게 되고 그렇게 점점 우리에게는 안식이 사라지게 되지. 예수님이 우리에게 오셔서 행하시겠다고 한 약속이 누가복음 4장 말씀이야.

> 주의 성령이 내게 임하셨으니 이는 가난한 자에게 복음을 전하게 하시려고 내게 기름을 부으시고 나를 보내사 포로 된 자에게 자유를, 눈먼 자에게 다시 보게 함을 전파하며 눌린 자를 자유롭게 하

고 주의 은혜의 해를 전파하게 하려 하심이라 하였더라 책을 덮어 그 맡은 자에게 주시고 앉으시니 회당에 있는 자들이 다 주목하여 보더라 이에 예수께서 그들에게 말씀하시되 이 글이 오늘 너희 귀에 응하였느니라 하시니(눅 4:18-21).

포로 된 채, 눈먼 채, 억압된 채 살아가는 우리에게 '자유'를 회복시켜 주신다는 말씀이고, 그것은 곧 안식을 회복시켜 주신다는 뜻이지. 건강한 종교는 사람을 자유롭게 하지만 병든 종교는 사람의 자유를 제한해.

진리를 알지니 진리가 너희를 자유롭게 하리라(요 8:32).
주는 영이시니 주의 영이 계신 곳에는 자유가 있느니라(고후 3:17).

종교가 '다수의 믿음'을 추종하며, 종교가 '다수의 믿음'을 선동하며, 종교가 억압하는 일을 우리는 수도 없이 볼 수 있고, 이런 일들은 우리 주위에, 또 역사 속에서 끊임없이 반복되지. 안식한다는 건 단지 주일성수를 한다는 개념은 아닌 것 같아. 우리에게서 안식이 깨어진 이유를 찾아가는 과정이 되어야 해. 그럼 우리가 한 이야기를 역순으로 돌아가는 것이 안식이 아닐까?

나는 이 세상을 살아가며 '다수의 믿음'에 따라 무엇에 포로가 되어 있고, 무엇에 억압되어 있고, 무엇에 눈을 가린 채 살아가고 있는지, 그것은 내 안에 어떤 불확실과 불안에 대한 반응인지, 그 출발이 내 안의 자기 절대성, 자기중심성, 자기 추구성에서 나온 무엇인지를 돌아보아야 해. 다시 말해, 자유로운 선택에 의한 안식을 누리고 있는지, 우리 안에 온통 '다수의 믿음'이 가득한지를 돌아보는 거지. 자기 절대성과 이 세상이 가진 믿음에서 자신을 떨어뜨려 돌아보는 시간이 안식일이야.

이런 안식의 의미가 사라진 주일성수는 안타까운 모습이야. 어느새 교회의 중심은 '행사와 사역'이 된 것 같아. 목사들끼리 하는 이야기인데 성도를 돌린다고 표현하기도 해. 양쪽의 불안이 합쳐진 말이지. 목사는 성도가 무엇을 해야 더 내부에서 헌신할 것 같고, 성도는 무언가라도 하고 있어야 신앙생활을 잘하고 있다고 생각하지. 그 불안이 합쳐져서 쉬지 않는 '행사와 사역'이 교회의 본질인 것처럼 되어 버렸어.

이름도 멋지게 만들고, 그 행사와 프로그램에 참여하면 마치 대단한 신앙인이 된 것 같은 착각을 만들어 주기도 해. 자기를 소개할 때 이런저런 사역과 프로그램을 이수했다고 말하는 걸로 그 우열을 내세우기도 하고. 교회는 조직화된 모임이 아니라 '믿는 자들의 모임'으로서 교회의 중심은 '대화와 연결'이라는 점을 기억할 필요가 있어. 예수님이 행하셨던 전부는 '대화와 연결'이었고, 우리가 늘 동경하는 초대 교회도 본질은 '대화와 연결'이었지.

1인 가구의 비중이 도시에서는 40퍼센트를 넘었는데, 이제 우리 시대의 중요한 단어는 '고립'이 되었어. '다수의 믿음'에서 탈락한 사람들에게 '고립'은 어쩔 수 없는 선택이 되기도 하지. 나는 사회적 고립을 막아야 하는 사명이 교회에 있다고 생각해.

특히 20-30대 청년들에게 집중해야 해. 불황은 언제나 청년의 취업 자리를 직격하지. 그런 상황에서 미래의 막막함과 기회의 박탈감에 '고립'되어 있는 이들을 찾아내고, 그들의 이야기를 들어 줄 수 있는 교회가 필요해. 그럼에도 여전히 '사역과 행사'가 주인 노릇을 하는 교회는 안타까울 뿐이야. 교회는 '대화와 연결'이 있는 곳이어야 해. 진실하고, 친절한 그리스도인이 상대방의 이야기를 끌어 낼 수 있는 장소가 되어야 해.

"나를 괴롭혔던 생각이 아무것도 아니구나"라는 걸 경험해야 '안식'을 하게 돼. 그것이 예배나 기도나 성도의 대화를 통해서 아무렇지 않게 되어야 안식을 누리는 거야. 우리가 거대한 자연에 가고, 그 자연에서 쉼을 얻었다고 생각하는 이유도 같은 거야. 그 거대한 자연에 있다 보니 두 가지 중 하나를 경험하게 돼. 내가 무엇 때문에 고민했는지를 잠시 잊거나, 내가 고민했던 것이 작게 느껴지는 걸 경험하는 거지. 그때 우리가 쉼을 얻게 되는 거야.

이따금 산에 가면 자연 회복을 위하여 산책로를 금하는 곳이 있잖아. 안식은 그런 거야. 이 세상의 풍조와 가르침을 벗어나 나를 다시 하나님의 형상으로 생각하고 이해하는 것이지.

신명기에는 안식에 대한 중요한 말씀이 나와.

> 네 하나님 여호와가 네게 명령한 대로 안식일을 지켜 거룩하게 하라 엿새 동안은 힘써 네 모든 일을 행할 것이나 일곱째 날은 네 하나님 여호와의 안식일인즉 너나 네 아들이나 네 딸이나 네 남종이나 네 여종이나 네 소나 네 나귀나 네 모든 가축이나 네 문 안에 유하는 객이라도 아무 일도 하지 못하게 하고 네 남종이나 네 여종에게 너같이 안식하게 할지니라 너는 기억하라 네가 애굽 땅에서 종이 되었더니 네 하나님 여호와가 강한 손과 편 팔로 거기서 너를 인도하여 내었나니 그러므로 네 하나님 여호와가 네게 명령하여 안식일을 지키라 하느니라(신 5:12-15).

하나님이 애굽에서 종살이하며 안식 없이 살던 때를 기억하면서 안식하라고 말씀하시지. 핵심은 '자녀들도, 짐승들도, 남종도, 여종도 너와 함께 안식'해야 한다는 말씀이야. 노동력을 제공하는 모든 이가 안식해야 한다는 것이지. 우리가 믿는 하나님은 우리에게 안식을 알려 주신 하나님이며, 우리는 고통스러운 노동과 노력한 만큼 보상을 얻을 수 없는 세상의 부속품이 아니라 하나님과 함께 안식을 누리며, 안식을 통해서 하나님의 형상을 회복하는 존재임을 말씀하신 거야.

교회가 성도가 얻어야 하는 안식으로 '주일성수'를 말하거나, 의무적인 '교회 봉사'를 말한다면, 그 교회는 성도로 하여금 무엇을 얻게 하고자 하는 것인지를 물어야 해. 안식보다는 성공, 쉼보다는 성취가 더 중요한 가치가 되어 버린 것은 아닐까? 많은 사람이 모이고, 프로그램이 세련되게 진행되고, 그 집단에 속한 것이 안도감을 주는 것을 '안식'보다 중요하게 생각하는 것은 아닐까? 이런 것들을 되돌아볼 수 있어야 해.

하나님이 주신 마음으로 순종을 드리며 나를 희생하여 누군가의 안식을 돕는 건 멋진 신앙이야. 그런데 거절하지 못해서 하게 되거나, 할 사람이 나뿐이기 때문에 하거나, 목사님에게 순종하지 않으면 벌을 받거나 안 좋은 일이 일어날 것 같아서 하는 희생은 아니었으면 좋겠어.

자유를 통한 선택에 안식이 있어. 그것이 때론 섬김 일수도 있고, 때론 희생일 수도 있지. 그런데 눈치를 통한 선택에는 안식이 없어. 그건 고될 뿐이야. 할수록 열받고, 섭섭하고, 억울하지. 그런 것이 아니었으면 좋겠어.

4부

교회와 가까워질수록
고민 많은 세상

형, 교회 봉사를 하지 않고 취업 준비를 할 때,
알 수 없는 죄책감이 몰려왔어.
하나님이 다 책임져 주신다는 걸
못 믿는 사람이 된 것만 같고.
하지만 경쟁자를 이기려면
남보다 많이 준비해야 하는데…….
이럴 때마다 딜레마에 갇혀.
하나님 믿으면,
'못 먹어도 GO!' 해야 하는 게 맞나?

> **19**
>
> 교회에 헌신하면 취직도 잘되는 거 아니었나?

"하나님이 다 책임져 주신다." 이것 역시 '종교 구호화'된 말의 위험성이야. 사고가 멈춰 버리게 돼. 우선 나는 그런 고민을 하는 너를 칭찬하고 싶어.

내가 교회를 개척할 때 만났던 사람들에게 공통으로 들었던 내용이 '젊은 날의 헌신에 대한 억울함'이었어. 너무 이상하지? 왜 그들은 20대 시절, 교회에 살다시피 한 헌신을 후회하고 있을까? 그들이 말하기를, 나이가 들고 보니 20대 때 교회에 헌신하는 것도 중요한 일이지만 이보다 중요한 일은 '미래 직업을 위한 훈련'이었다는 거야.

젊음은 그 자체로 정말 좋은 거야. 젊음 자체가 주는 아름다움이 있어. 청년들이 한 공간에 있는 것만으로도 생기가 있지. 그래서 청년들은 모여 있기만 해도 즐거운 거야. 그런데 교회나 단체는 늘 일손이 부족해. 그러니 청년들은 이런저런 요청으로 교회에서 봉사하고 헌신을 해. 그런데 다들 젊으니까 모이면 즐겁고 재미있어. 그렇지만 이 말을 꼭 기억했으면 좋겠어. "지금의 내 헌신이 기쁨이 되는 순간은 5년 뒤, 10년 뒤야!" 젊음이 모여서 즐겁고 기쁜 것은 순간일 수 있어. 그런데 젊은 날의 헌신이 기쁨이 되는 순간은 5년 뒤, 10년 뒤라는 것이지. 젊음이 모여 있는 기쁨인지, 헌신의 기쁨인지는 5년 뒤, 10년 뒤 나의 고백으로 알게 돼.

20대는 내가 평생 어느 분야에서, 어떤 방법으로 '밥벌이'를 할지 고민하고 준비하고 경쟁해야 하는 시기야. 하지만 보상이 확정되지 않은 것에 내 삶을 희생하며 살아간다는 건 어려운 일이야. 불확실한 미래를 위해서 현재의 기쁨을 희생하는 것만큼 힘든 일은 없지.

내 삶은 불안하고 불확실한데, 안정된 칭찬과 인정이 있으면 우리는 더 중요한 가치가 무엇인지 흔들리게 돼. 칭찬은 고래를 춤추게 하지. 그런데 칭찬은 고래가 춤추는 존재로 인식하게 만드는 도구가 될 수도 있어. 바다를 헤엄치며 대양과 대양을 오가는 고래를, 수족관에서 춤추는 존재로 만들 수 있는 게 '칭찬'이기도 한 거야.

위험한 이야기일 수도 있지만, 목사가 하는 이야기를 주의해서 들어야 하는 이유는 목사와 성도는 살아가는 경제 구조가 조금 달라. 목사는 노동에 대한 대가로 돈을 받는 것이 아니라 성도가 낸 헌금을 가지고 생활한다고 볼 수 있어. 목사는 '급여'라는 말을 굳이 쓰려고 하지 않아. 월급 형태로 받으면서도 '사례비' 혹은 '생활비'라고 표현하지.

이렇게 말하는 이유는 성도나 목사들 중 목사는 구약의 '제사장' 혹은 '레위인'이라고 생각하는 분이 많아. 다른 열한 지파는 땅을 분배받았고, 레위 지파는 열한 지파가 헌금한 것으로 생활하도록 했지. 그것이 십일조였고. 이건 정치와 종교가 일치된 사회에서 사용되었던 제도야. 이때 '제사장'과 '레위인'은 자기 소유가 없었기 때문에 이런 후원 구조로 살아가도록 했어. 만인 제사장을 고백하며 시작된 개신교회에서, 목사도 자기 소유가 있는 현실과는 맞지 않지. 목사도 자신이 후원으로 생활한다고 생각하고, 실제로 목사의 삶에는 후원받는 금액이 다양한 모습으로 있기도 해.

교회를 운영하면서도 특별하게 기억이 남는 순간은 돈이 없을 때 어떤 분이 "하나님이 이런 감동을 주셨어요"라고 하면서 헌금을 했는데, 그 돈이 마침 딱 필요한 금액이었거나 부족했던 금액과 맞아떨어지는 경우가 많지. 또 대부분의 한국 교회에는 건축 과정에서 간증이 많기 때문에 특수한 형태의 후원이 경제 구조로 인식되는 경우가 많아.

이런 설교에 익숙해지면 성도의 삶에도 특수한 형태의 후원으로 경제 생활이 가능해지는 듯한 오해를 하게 돼. 설교 시간이나 간증을 통해서 부족했던 돈이 놀라운 방법으로 채워진 이야기를 많이 들었겠지만, 우리는 이 질문에 스스로 답을 해 볼 필요가 있어. "누군가가 생각지도 않게 돈을 보내서 받은 적이 있는가?" 성도의 삶에 이런 일은 거의 일어나지 않아. 일어난다고 해도 교회에서 단기 선교를 가는데 그 부족한 금액이 채워지는 경우일 테지. 개인 경제 활동 영역에서는 이런 일은 거의 일어나지 않아.

목사가 하는 말 중에는 성도의 귀에는 "돈 없이도 얼마든지 살 수 있습니다"라고 들리는 이야기가 많아. 목사도 현직에 있을 때는 자신 있게 이런 이야기를 외치곤 해. 교회에서 집도 제공해 주고, 사례비도 주니깐. 그런데 목사가 은퇴할 때는 자신이 설교 자리에서 했던 말을 다 뒤집고 나가는 경우가 많아. 교회에서 집도 해 줘라. 퇴직금도 일시금으로 얼마 줘라. 매달 생활비로 얼마를 지원해 달라고 요청하고 심지어 싸우기도 하지. 다른 이유가 아니야. 목사는 그때 처음 '지독한 현실'을 마주하는 거야.

이미 '지독한 현실'을 살아가는 성도의 삶에서 자기 삶이 '후원 구조'로 이루어져 있다고 생각하는 오해는 없어야 해. "나에게 돈이 하나도 없어도 하나님을 잘 믿으면 누군가가 돈을 전달해 줄 것이다"라는 말은 이루어질 수 없는 말이야.

20대에 해야 할 일은 내가 적어도 55세까지 어떤 직업을 가지고 일을 해서 소득을 올릴지를 고민하고, 그와 관련된 공부를 하고,

끊임없이 도전하고 준비하는 일이야. 교회가 첫 직장에 들어간 청년에게 강조하는 것이 '십일조'와 '첫 열매 헌금'이지. 십일조를 하고, 처음 난 것의 열매를 드리면 하나님이 내 삶을 책임져 주신다고 말하는 거야. 그런데 십일조라는 행위와 첫 열매 헌금이라는 행위가 하나님이 우리를 책임져 주는 방식인가?

하나님이 구약에서 십일조를 말씀하신 이유는 '함께 먹으며 즐거워하는 것'을 가르치시기 위함이야. 내가 드리는 헌금이 많은 사람을 먹이는 잔치가 되게 하신 거야. 자기 소유가 없던 레위 지파가 함께 먹고, 그 성읍에 가난한 자가 없도록 하고, 특히 3년에 한 번씩은 내가 속한 땅의 모든 가난한 자, 고아와 과부와 나그네, 레위인을 다 불러서 배부르게 먹이는 일로 사용되었던 것이 십일조였어(신명기 14장 참조).

첫 열매를 드리는 일이 십일조에 포함이 되어 있기도 했지만, 유월절이 지나고 초실절부터 맥추절까지 처음 수확한 보리를 하나님 앞에 드린 거였어. 일주일에 한 번 지역별로 일곱 번을 드리게 되는데, 이는 곡식이 없을 때 보릿고개를 지나는 이스라엘에 드려진 보리로 힘들고 어려운 시기를 함께 지나가는 역할을 했어. 그렇게 49일이 지나면 맥추절에 한 첫 밀 수확을 하나님에게 드리며 어려운 시기를 벗어났다는 감사의 제사를 드리게 되는 것이지(신명기 16장 참조).

모두가 자신에게 주어진 땅에서 노동을 하면서 살아가. 그 땅에서 얼마나 성실하고 땀을 흘리는가에 따라 노동에 따른 보상도 달라지고. 하나님은 그 노동을 이어 가도록 이스라엘에 이른 비와 늦은 비를 주시고 자라게 하시고 열매를 맺게 하시는 분이지. 그리고 그 노동의 결과를 하나님에게 헌금으로 드려. 그 헌금으로 인하여 땅이 없는 사람들, 성전을 지켜야 하는 사람들, 일을 할 수 없는 사람들, 보호를 받는 게 우선인 사람들이 함께 배부른 삶을 살아가게 돼. 이 노동과 헌금이 하나님이 이스라엘을 책임지시는 방법이었어.

하나님은 우리를 부르시는 분이야. 하나님이 이 현실 세상에 자신을 나타내시는 방법은 자신의 부름을 받은 사람이 이 현실 세상을 살아가도록 하시는 방법이야. 그 대표적인 예가 아브라함이고, 모세지. 하나님이 그들을 부르셨고, 현실 세상에 하나님을 나타내 보이는 한 사람으로 살아가도록 하셨어. 우리는 모두 하나님에게 부름받은 한 존재로 살아가는 거야. 그 부름으로 현실 세상에 나아가는 것이·우리 직업이고, 우리 소명이고, 우리 노동이지.

목사는 교회라는 곳으로 부름받은 한 존재이고, 현실 세상을 살아가면서 현실과 말씀이라는 하나님이 제시한 이상 사이에서 성도에게 말씀을 전하고 성도를 목양하는 존재야. 그것이 목사의 직업이고, 소명이고, 노동이지. 목사도 자신이 노동한 대가로 급여를 받는 거야. 사례비도 생활비도 모두 '만인 제사장'을 따르는 개신교회가 쓰기에 적합한 단어라고 생각하지 않아. 목사도 이 급여를 가지고 자족의 은혜를 구하고, 나누면서 살아가는 거야. 이 노동과 나눔이 하나님이 우리를 책임져 주시는 방법이니까.

네 삶도 마찬가지라고 생각해. 너를 하나님이 부르셨다면, 이 질문을 하며 살아야 해. 하나님이 그 부름을 통해서 나를 어떤 분야, 어떤 직종, 어떤 지역의 현실 세상으로 보내실까? 그 현실 속에서 하나님을 나타내 보이는 사람으로서 어떻게 노동을 하며 살아갈 것인가? 그 노동으로 얻어진 소득을 가지고 어떻게 "땅이 없는 사람, 일할 수 없는 사람, 성전을 지켜야 하는 사람, 돌봐야 하는 사람"과 나누며 살아갈 것인가? 그것이 하나님이 우리 모두를 책임지는 방법이니까.

나는 교회에서 취직한 청년이 있으면 일단 이렇게 하라고 이야기해. "우선 3,000만 원을 모아라!" 각자 직업에 따라 다르겠지만 시기를 정해서 3,000만 원을 모으는 것을 첫 번째 목표로 삼아야 한다고 말해.

"첫 월급을 헌금하라. 십일조를 잘해라. 그래야 하나님이 네 인생을 책임져 주신다." 이 말이 틀린 것은 아니지만, 지금은 더욱 지독하게 현실 이야기를 해주는 '어른'이 필요한 것 같아. 때로는 교회에 '어른'은 없고 '종교 기능인'만 있는 것처럼 보이기도 해.

우리가 살아가는 이 소비주의 시대에서는 돈이 생기면 사고 싶었던 것을 사고 싶고, 때마다 여행을 다니고, 날마다 자랑할 만한 곳에서 밥을 먹곤 해. 우리에게는 거기에 인정 욕구가 있기 때문에 돈을 쓰는 것으로 친구에게 인정받고 싶고, 때로는 교회에 이런저런 헌금을 하면서 누군가의 인정을 바라기도 해.

"하나님이 책임져 주실 테니까"라는 말 뒤에 숨어서 실제로는 돈을 쓰는 즐거움, 돈으로 인정받고 싶은 즐거움에 빠지는 일이 많아. 취직하고 몇 년이 지났는데도 3,000만 원을 모으지 못했다면 그런 사람은 하나님이 책임져 주시기 어려울 것 같은데? 물론 가족에게 큰 질병이 생겼거나 가정의 어떤 큰 문제 때문에 이를 해결하기 위해 돈을 모으지 못했다면 위로가 필요하겠지만 말이야.

자본주의 사회라는 현실을 살아가기 위해서는 우선 3,000만 원을 모아 봐야 해. 그러고 나면 내가 돈을 어떻게 관리해야 하는지를 깨닫게 돼. 하나님이 우리를 책임져 주신다는 것은, 무턱대고 사는 것에 있는 게 아니라 일하는 동안 벌게 되는 재정 속에서 절제와 지혜를 가지고 살아가게 하신다는 거야. 하나님이 우리를 책임져 주신다는 것은, 탐욕과 공포를 오가는 이 세상 속에서 자족의 은혜를 고백하게 하며 살아가게 하신다는 거야. 하나님이 우리를 책임져 주신다는 것은, 단지 '나 하나의 배부름'이 아닌 '모두, 함께 배부른 사회'를 우리가 꿈꾸게 하신다는 거야. "하나님이 책임져 주신다"라는 말이 "누군가 내 삶을 후원해서 돕는다"로 이해해서는 안 돼. 하나님이 책임지신다는 것은 '노동'과 '분배'를 통한 공동체로의 돌봄으로 이해해야 하는 거야.

하나님이 우리를 책임지셨어. 부모님이 노동하고, 그것을 우리에게 분배하셨기 때문에, 그리고 그 삶을 견디기 위해서 기도하셨기 때문에, 이토록 부모님이 노동과 기도에 몰두한 삶을 사셨기 때문에 우리가 여기에 있는 거야. 부모님은 일을 하거나 기도하기 위해 두 손을 모으셨고, 짐을 들거나 기도하기 위해 무릎 꿇으셨어. 그분들이 모인 곳이 교회이고, 교회는 자기 분깃이 없는 자들을 돌보는 것으로 하나님이 그들을 책임지시는 분임을 전하는 곳이야.

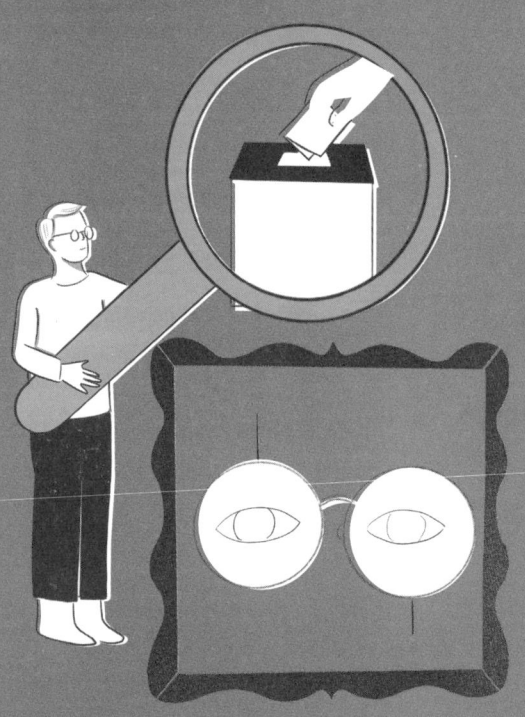

형, 정치와 종교 이야기는 함부로 하는 게 아니라고 하잖아.
그런데 친구들을 만나면 정치 이야기를 할 수밖에 없어.
그만큼 **정치가 우리 삶 대부분을 차지하는** 문제이고
반드시 관심 가져야 할 부분이라고 생각해.
그런데 교회에서는 '정치'에 대해 말하는 걸
별로 들어 본 적 없는 것 같아.
형은 어떻게 생각해?

20 그리스도인은 정치를 어떻게 바라봐야 할까?

 이준석 정치인이 보수의 기반 중 하나로 '한국 교회'를 꼽았어. 네가 느끼는 대로 한국 교회가 정치에서 편향되어 있다고 할 수 있지. 또 한국 교회가 형성되는 과정에서 북한에서 오신 실향민이 중심이 되어 세워진 교회가 많기 때문에 '사회주의-공산주의-북한 정권'에 대한 적개심이 많아. 그분들에게는 너무 아픈 이야기이고 가족을 잃고 고향을 잃은 문제이니 쉽게 말할 수 없는 부분이야.

 그런데 87년을 전후로 한국 교회는 정치적으로 극명하게 나뉘게 돼. 전두환 정권이 조찬 기도회를 만들면서 그쪽을 옹호하는 사람들과 민주화 운동을 하는 사람들로 나뉘게 되지. 이 중에서 주류는 전자인 조찬 기도회를 중심에 둔 사람들이 차지하게 되었지. 이런 흐름이 이어지면서 "한국 교회는 정치적 입장이 무엇인가?"라고 물을 때 "보수 진영"이라고 말하는 거야.

여기에 목사가 강조해 왔던 것이 '권위에 순종'이라는 말이었기 때문에 내면적으로도 힘에 따른 질서에 순응하는 보수적인 성향이 기독교인들에게 많이 있어. 최근에는 여기에 동성애 논쟁까지 더해져서 기존 질서를 유지하려고 하는 보수 진영이 동성애를 반대하는 입장에 서니 기독교인은 더더욱 보수 진영에 선 듯한 모습으로 보이지.

그런데 한 번 정리를 할 필요가 있다고 생각해. 국가에는 정치 체제와 통치 체제, 경제 체제가 있어. 그리고 이것은 국가가 지나온 역사에 따라 각각 다르게 자리 잡고 있어. 모든 나라가 각자 고유한 체제를 가지고 있고 그것을 헌법에 반영하고 있지.

우리나라 정치 체제는 민주주의야. 민주 시민 투표로 권력이 정해지는 거야. 이것이 헌법 제1, 2조에 있어.

① 대한민국은 민주공화국이다.
② 대한민국의 주권은 국민에게 있고, 모든 권력은 국민으로부터 나온다.

4.19, 5.18, 87항쟁을 거치면서 국민 주권 시대를 가져왔다는 것은 헌법 전문에 기록하고 87년 헌법이라고 부르고 있어. 어떤 개

념을 명확하게 할 때는 반대말을 떠올리는 게 중요해. 그럼 민주주의의 반대말이 무엇일까? 민주주의의 반대말은 사회주의가 아니야. 민주주의 반대말은 왕정이나, 독재지. 우리나라에서는 민주주의의 반대말이 사회주의도 공산주의도 아니야.

우리나라의 통치 체제는 무엇일까? 법치 국가야. 왕정이나 독재 국가에서도 법으로 국민을 통치하는데 그런 걸 법에 의한 지배(형식적 법치주의, rule by law)라고 불러. 통치자가 법을 만들면 그뿐이야. 그 법에 따라 처벌하는 기능만 있는 거지. 민주주의 사회에서는 법의 통치(실질적 법치주의, rule of law)를 법치 국가의 모습이라고 말하지. 누군가 법에 따라서 독재하려고 해도 '민주 절차'와 '권력 분산'을 통해서 법이 만들어진 취지와 의미에 따라서 국민을 통치하도록 하는 거야.

민주주의에서 중요한 것은 '입법, 사법, 행정'의 권력 분산이고 상호 견제이고, 어떤 의사 결정이 민주적 절차성에 흠이 없이 진행되어야 하는 거지. 그래서 민주주의는 시끄럽고 소란스럽고 늘 싸우는 겉모습을 지닐 수밖에 없어. 또한 짐이 곧 국가이거나, 왕이 곧 법이 아니기 때문에 만민이 법 앞에 평등하다는 것이 중요한 법치주의 가치지.

우리나라 경제 체제는 무엇일까? 자본주의야. 이는 개인의 사유 재산을 인정하고, 직업 선택과 거주지 선택에 제한이 없지. 개인은 능력과 적성에 따라 경쟁을 통해서 얻은 소득을 자유롭게 사용할 수 있어. 가계는 가정의 소득을 올리기 위해서, 기업은 기업의 소득을 올리기 위해서, 정부는 가계와 기업이 더 나은 여건 속에서 경쟁할 수 있도록 조정하는 역할을 하지.

그러나 우리나라가 자본주의 국가라고는 말할 수 없어. 헌법 23조에도 재산권에 대한 한계를 법률로 정하고, 재산권은 공공 복리에 적합해야 한다고 기록을 해 놨지. 우리나라는 혼합적 자본주의야. 그렇다면 자본주의에 뭘 혼합을 한 것일까? 그것이 바로 '사회주의'야. 국가가 존재하는 한 자본주의로만 이뤄진 경제 체제는 불가능해. 모든 국가는 자본주의와 사회주의 중 어떤 것에 기초를 두는지에 차이가 있을 뿐, 그 한 가지로만 국가 경제 체제를 만들 수는 없지. 우리나라에도 많은 사회주의 요소가 있어. 노인 연금, 기초 연금, 의료보험, 공교육, 공공 서비스 등 많은 사회주의 요소가 있어.

공산주의는 사회주의를 주장했던 이들이 말한 이상 국가지. 그런데 공산주의는 유니콘같이 상상 속의 개념이야. 현실 국가 중에서 공산주의는 없어. 공산주의는 계급이 사라지고, 모든 자본과 생산과 분배가 동등한 이상 사회, 유토피아지. 북한은 공산주의 국가인가? 북한에는 모든 계급이 없고, 북한은 자본과 생산과 분배가 동등한 사회인가? 중국이 그러한가? 아니면 러시아가 그러한가?

우리나라는 전쟁의 기억과 상처가 있어서 사람들에게 과격하게 표현하고 생각하는 면이 있어. 대한민국과 북한이 체제 경쟁 중인가? 그건 이미 끝났지. 누가 북한처럼 가난한 국가에 살고 싶겠어? 누가 북한처럼 김씨 왕조에 살고 싶겠어? 누가 북한처럼 법에 의한 지배를 받는 곳에 살고 싶겠어? 누구도 북한처럼 민생에 신경을 쓰지 않고 핵과 미사일만 만드는 나라에 단 하루도 살고 싶지 않겠지. 백두 혈통에 대한 왕권신수설 같은 말을 따르며 그 땅에서 살고 싶은 사람이 누가 있겠어? 우리가 그 생각을 거두고 왜 사회주의가 나왔는지를 생각해 봐야 해. 사회주의는 자본주의를 극복하기 위해서 나온 거야. 평민-귀족-왕족-성직자로 구성되어 있던 유럽식 계급 사회 속에서 자본주의로 경제가 넘어가니 사람들이 더 어려워진 거야. 평민과 귀족 사이에 '부르주아'가 등장해서 평민-부르주아-귀족-왕족-성직자 계급으로 변한 거지. 노동자라고 이름 붙여진 사람을 석탄처럼 사용하기 시작했어. 10세 미만의 어린이들도 포함해서. 그런 배경에서 유럽에서는 사회주의 혁명이 일어난 거야. 지금 유럽 헌법에는 사회주의 혁명에 따른 기록이 남아 있어.

- 스페인의 헌법은 '스페인은 사회적 민주적 법치 국가이며, 법 질서의 최고 가치는 자유, 정의, 평등 및 정치적 다원주의다'로 시작한다.
- 이탈리아 공화국 헌법 제1조는 '이탈리아는 노동에 기초한 민주

공화국이다. 주권은 국민에게 있으며, 헌법에 따라 그리고 헌법의 한계 내의 국민에 의해 행사된다'라고 규정한다.
- 프랑스의 헌법은 '프랑스는 분리될 수 없고, 정치와 종교가 나누어져 있는, 민주 그리고 사회주의 공화국이다. 프랑스는 모든 시민이 법 앞에서 출신, 인종, 또는 종교에 대한 구분 없이 평등함을 보장한다. 프랑스는 모든 신념을 존중한다. 프랑스는 지방분권을 기초로 하여 이루어진다. 법률은 남녀가 선거직과 그 지위는 물론 직업적 사회적 직책에 대해서도 동등하게 다가설 수 있도록 노력한다'라고 규정하고 있다.
- 독일의 헌법은 '인간의 존엄은 침해되지 아니한다. 모든 국가 권력은 이를 존중하고 보호할 의무를 진다'로 시작한다.
- 네덜란드의 헌법은 '모든 네덜란드 국민은 동등한 조건에서 평등하다. 종교, 신앙, 정치적 소견, 인종 또는 성별을 근거로 한 차별 또는 그밖의 어떤 이유를 근거로 한 차별도 허용되지 아니한다'라고 규정하고 있다.

유럽은 극단적인 자본주의가 모두를 공멸로 이끌어 간다고 생각하고 자성했어. 극단적인 경쟁과 인간의 존엄성을 고려하지 않은 '자유'가 결국 독재자를 일으켰고, 전체주의를 만들었고, 민족주의를 만들어 내서 세계 1차 2차 대전을 일으켜서 수많은 사람을 죽게 했다고 반성한 거야. 유럽 대부분의 국가는 개인의 자유가 공동체의 안위를 해치지 않도록, 시장의 자유로 인한 격차가 극단적인 정치 지도자나 극단적인 사회 시스템이 되지 않도록 막아 둔 것이라고 볼 수 있어.

어떤 국가도 자본주의 국가이니 시장에 모든 걸 맡겨야 한다는 말을 하지 않아. 그런 세상은 어디에도 없어. 사적 소유가 지나친 탐욕이 되어 사회 전체를 무너지지 않게 상호 보완하는 거야. 가격을 조정하기도 하고, 세율을 조정하기도 하고, 금리와 대출을 조정하기도 하고, 복지를 조정하기도 하는 방식으로 말이야. 개인이 자유롭게 경쟁하도록 하는 삶과 공동체의 번영을 함께 도모하는 거지.

교회 안에서 '자본주의는 선, 사회주의는 악'이라는 이분법적인 프레임으로 말하는 건 매우 안타까운 일이야. 우리나라는 자원이 없어서 사람을 무한히 경쟁시키는 시스템으로만 국가 경쟁력을 가져올 수 있지. 인적 자원으로만 경쟁해야 한다는 거야. 이런 사회에 병리적인 모습은 반드시 있을 수밖에 없고, 경쟁에서 탈락한 사람을 위한 사회 보장망과 소득 격차, 자산 격차와 같은 부익부 빈익빈을 완화할 제도가 필요해. 이런 것에 하나님 나라의 가치를 따르는 존재로서 의견과 생각을 갖는 것도 필요하고. 그런데 교회 안에서는 이런 이야기를 거의 하지 않게 돼. 우리 안에 사회주의는 악이라는 생각이 너무 확고하거든.

그리스도인으로서 또 하나 기억해야 하는 것은, 민주주의, 법치주의, 자본주의, 사회주의 모두 교회로부터 해방 때문에 나온 제도라는 거야. 이 모든 개념이 유럽에서 나온 것이고, 유럽 역사는 교회의 지배로부터의 해방이었어.

예수님은 '제국으로서의 하나님 나라'를 거부하셨어. 제국이 가진 상향성의 나라, 제국이 가진 소수의 억압자와 다수의 피억압자를 거부하셨어. 예수님은 창조주가 자신을 내어 주시는, 높은 산이 낮은 계곡을 메워 평평하게 되는, 높음이 낮음이 되는 하나님 나라를 시작하신 거지.

그런데 기독교가 국교가 된 이후에는 예수님이 말씀하신 하나님 나라와 정반대의 기독교 국가가 되었어. 그렇게 소수의 억압자를 위한 종교로 기독교는 늘 있었어. 그 속에서 르네상스, 종교 개혁, 시민 혁명, 사회주의 혁명이 일어났고, 그 결과 우리는 민주주의, 법치주의, 자본주의, 사회주의를 가지게 된 거지. 모두 교회로부터의 해방이었어.

그리스도인은 '좋은 시민', '선한 시민'으로 살아가야 해. 내가 이 땅의 시민으로 살아가면서 어떻게 하나님 나라 시민으로서 살아가는지를 물어야 해. 믿음과 현실은 상반된 개념이 아니라 현실을 살아가는 '다른 믿음'이지. 그렇기 때문에 매번 돌아오는 선거 때마다 자기 언어로 '투표한 이유'를 말할 수 있어야 해.

교회는 인간이 죄인임을 믿는 곳이고, 정치적 메시아가 없다고 믿는 곳이기 때문에 어떤 정당이나 어떤 후보에 대한 적극적인 지지를 하는 건 잘못되었다고 생각해. 사실상 선거법 위반이기도 하고. 무엇보다 목사가 성도에게 위임받은 설교 자리에서 이와 같은 이야기를 공개적으로 하는 것은 교회를 세속화시키고 정치 집단이 되게 하는 일이라고 생각해.

그러나 교회 안에서 무엇이 '시대정신'인지는 이야기가 되어야 해. 선거철이 되면 하나님이 우리나라에 어떤 시대정신을 일깨워 주고 계시는지 말할 수 있어야 하지. 우리나라의 양극화 해소, 주거 문제, 청년의 미래, AI와 로봇 시대의 노동 문제와 인간 소외 문제, 엘리트주의 문제, 기후 위기 문제, 항구적인 한반도 평화 문제 등등 이런 문제를 이야기할 수 있어야 해.

성경을 통해서 자신을 계시하신 하나님을 믿는 우리는 이 시대 속에 어떤 시대정신을 '기독교 언어'로 전달할 수 있을지를 고민해야 해. 우리는 구원받은 자로서 현실을 어떻게 살아갈지를 물으며 사는 사람들이야! 욕망과 혐오 시대에 절제와 화해로 세상에 나아갈 수 있으면 좋겠어.

형, 요즘 자주 드는 생각은,
'과연 세상은 악하고 교회는 선한가?'라는 거야.
솔직히 형도 알겠지만, **교회에 오히려 악한 모습**이 많지 않아?
그 때문에 교회를 떠난 사람도 많고.
그에 비해 **세상**은 여러 면에서
합리적으로 바뀌려고 하고
투명해지려고 노력하는 것 같아.

21
세상은 악하고, 교회는 선한 거야?

세상은 겉으로는 모두 선한 얼굴을 하고 있지. 우리는 문명화되고, 높은 교육 수준에, 첨단 과학 시대를 살고 있어. 도시에 사는 사람들은 인간이 쌓아 올린 위대한 업적을 매일 걸으며 살기 때문에 이 세상이 선하고 아름답게만 생각될 수도 있어. 그런데 세상이 '악하고 사나운 얼굴'을 언제 보이는지가 중요해. 제한된 것을 나눠야 할 때, 내가 하는 일에 경쟁자가 생길 때, 순서를 정하고 서열을 정해야 할 때, 이럴 때도 세상은 선할까?

스스로 하나님이 되고자 하는 인간에게 있는 죄의 표현은 언제나 '지배욕'이야. 지배욕은 적극적으로 내가 '타인을 통제'하는 것이라고도 말할 수 있지만, 나보다 아래에 다른 사람이 있어야 하는 '서열 욕심'이기도 해. 내 위치를 확인하고 타인에 위치를 확인하며 사는 삶이기도 하지. 이 사회에서 사람이 느끼는 불안은 결론적으로는 다른 이보다 나은 점이 없게 되는 상황이고, 사람이 느끼는 안도는 본질적으로는 다른 이보다 나은 점이 있다는 상황이야. 공은 나로 인하여 생겨난 것이라 생각하고, 과는 다른 사람으로 인하여 발생하였다고 생각하기에 성공의 결과는 내가 차지해야 하고, 실패의 결과는 누가 짊어져 주기를 바라지.

성경은 농경 사회가 시작되고 이 사회의 불평등의 이유와 권력을 좇게 된 이유를 두 사건으로 이야기하고 있어. 첫 번째는 아담과 하와의 범죄 결과야. 아담과 하와가 경험한 첫 번째 감정은 '수치심'이었어. 그런데 그 수치심은 나와 타인을 비교하여 다른 점을 발견하였을 때 경험하는 거야. 살 중의 살이고, 뼈 중의 뼈라고 고백했던 관계와 한 몸을 이룬 관계에서 차이를 발견하고 그 차이로 인해서 수치심이 생겨나는 관계가 된 거지.

그러면서 '하와'에게 내려진 심판이 나와. "임신하는 고통이 커지고 수고하고 자식을 낳을 것이다." 그런데 하와 즉, 여자에게 내려진 심판에서 중요한 것은 그다음 말씀이야. "너는 남편을 원하고 남편은 너를 다스릴 것이다." 이 말씀의 의미는 여자들의 삶이 '남자들이 만들어 놓은 세상에 속하게 된다'는 거야.

여성은 남성이 제공하는 노동력, 군사력이 없으면 보호를 받을 수 없었어. 국가가 발전해 가면서 조금씩 벗어나게 된 거지. 여성이 참정권을 가진 지도 이제 100년 남짓 되었고, 우리나라의 호주제는 2008년에 폐지되었어. 2024년에도 영국 시사 주간지 이코노미스트가 국제 여성의 날을 맞아 '유리천장지수'(남녀의 임금 격차, 여성 임원 비율, 여성 경제 활동 참가율 등을 종합해 점수를 낸 지수)를 발표했는데 우리나라는 이슬람 국가화가 되어 가는 튀르키예를 제치고 OECD 꼴찌인 29위를 차지했지. 과연 남녀의 지위와 서열이 뒤바뀌게 될까? 세상은 그것을 "대평등의 시대를 환영합니다!"라고 할까?

아담에게 내려진 심판은 이거야. "평생 수고하여야, 땀을 흘려야 소산을 먹을 수 있을 것이다." 아담은 '사람'이라는 의미도 있고, '남자'라는 의미도 있어. 즉 이 땅에 살아가는 사람은 모두 평생 수고하고 땀을 흘려야 먹고 산다는 거야. 그런데 진짜 문제는 그다음이야. 땅에서 가시덤불과 엉겅퀴가 올라와서 내가 노력한 것을 빼앗아 가게 된다는 거야. 노력해야 먹고 사는데, 노력한다고 다 얻을 수 없는 세상이라는 거야. 나의 노력을 빼앗아 가는 사람이 나오고, 나의 수고를 무너뜨리는 사람이 나오고, 내가 노력하여도 경쟁에서 누군가에게 밀리기도 하는 거지. 내가 노력해서 얻어 낸 것을 아무렇지 않게 자기 것으로 삼는 사람이 등장하는 거야. 나보다 많은 힘을 가진 사람이 나의 노력을 아무렇지 않게 가져가기도 해.

농사를 지어야 하는 3,000년 전 사람들을 떠올려 봐. 농사라는 것 자체가 내 성실함만으로 결과를 얻어 낼 수 없어. 바람이 불어야 하고, 비가 와야 하고, 햇빛이 적당하게 필요해. 그런데 내가 씨를 뿌린 땅의 정치 지형이 바뀌면서 매번 주인이 바뀌는 상황이 된다고 생각해 봐. 난 먹고살기 위해서 열심히 농사를 지어야 해. 그런데 하늘의 도움이 꼭 필요해. 심지어 다해 놔도 이 수확물을 누가 얼마큼 가져갈지도 몰라. 참 괴로운 상황이야.

지금 우리 시대는 다른가? 20-30년 준비한 자기 삶의 경력을 10-20년 사용할 수 있을까? 능력에 따라 경쟁하고 반드시 탈락자가 생겨야 하고, 능력에 따라 보상받는 능력주의 사회에서 어느 순간 쓸모없는 사람이 될 때, 잉여 생산품처럼 생각될 때 우리 삶은 괜찮을까? 능력주의 사회이기에 무슨 일을 하든 완벽해야 하고, 모두가 완벽에 대한 강박을 가지고 사는 삶을 살다가 어느 순간 내 커리어가 끝나게 될 때, 내 노력의 결과가 순식간에 불필요한 것이 되어 버린다면 과연 우리 삶은 괜찮을까?

사람은 내가 없으면 안 되는 곳을 만들고 싶지만, 세상에 그런 곳은 없어. 냉정하게 이 세상에 내가 없으면 안 되는 장소는 없지. 이 시대를 살아가는 사람들이 이렇게나 많이 정신적, 육체적 질병을 안고 사는 이유가 나만큼은 내 노력을 다 보상받아야 한다는 생각 때문이야. 심지어 가시덤불과 엉겅퀴가 언제 올라와서 내가 노력한 것을 가져갈지 모르는 불안과 두려움을 안고 말이야. 그때에도 세상은 선한 얼굴을 하고 우리를 바라볼까?

두 번째로 가인과 아벨 사건 이후에 인간에게 펼쳐진 삶이야. 가인과 아벨 사건은 힘이 의로움을 제거한 사건이라고 할 수 있어. 그리고 가인이 에덴 동쪽 놋이라는 땅에 기거하게 되고, 가인 이후 6대가 지나고 라멕이 등장해. 라멕은 어린아이를 학살하는 사람이지. 힘을 가진 자가 가장 힘이 없는 자를 학살하는 사태가 벌어지는 거야. 성경은 그 이후 라멕의 후손이 이 땅을 차지했다고 이야기해. 야발은 가축 치는 자의 조상으로, 유발은 수금과 퉁소 치는 자의 조상으로, 두발가인은 무기 제작의 창시자로 소개돼. 경제, 문화, 첨단 기술 모두 라멕의 후손이 차지했다는 것을 의미하는 거야. 문명의 힘, 권력의 힘을 가인의 후손이 차지했다는 거지. 의로움을 제거한 힘, 약한 자를 학살한 힘이 이 세상을 차지했다는 뜻이야.

이 세상은 겉으론 평화로워 보이지. 그런데 자기 이익 앞에 철저하게 힘의 논리를 따르는 세상이야. 내 위치에서 나는 죽을 때까지 탈락하지 않아야 하고, 누군가 내 위치에 오르는 걸 극도로 싫어하는 세상이지. 성경은 이러한 원리로 작동되는 세상을 '제국'이라고 말해.

재미있는 건 성경은 모두 이 제국의 힘이 강력하게 펼쳐질 때 기록되었어. 구약은 이집트 제국을 탈출한 사람들에 의해서, 또 바벨론 제국 속에서 하나님을 찾던 사람들에 의해서 기록되었지. 신약은 로마 제국 속에서 하나님 나라를 기다리던 사람들이 기록한 거야. 제국은 언제나 높이 올라야 하는 곳이야. 높이 오르기 위해서는 내 아래에 누군가가 있어야 해. 그렇기 때문에 힘을 차지한다는 건 수단과 방법을 가리지 않고 경쟁에서 승리해 높은 곳이나 가운데를 차지해야 하는 것을 뜻해.

세상은 악한 곳이라는 말은 결정적인 순간에 세상은 사나운 얼굴을 한다는 의미지. 그렇다면 교회는 선한 곳인가? 그럴 수 없지. 교회도 얼마든지 '세상 작동 방식'처럼 돌아가기도 하거든. 네가 이야기한 것처럼 세상보다 심하게 세상적이기도 하지.

민주주의가 문제가 많기는 해도 여전히 가장 인기가 좋고 많은 나라가 이상적인 정치 제도라고 받아들이는 이유도 힘을 나눠 놓고, 힘을 상호 견제하도록 만들었기 때문이야. 폭정을 하려는 권력에 심취된 개인이 공동체를 어려움에 빠지게 할 수는 있어도 망가지게 할 수는 없도록 만든 제도이기 때문이야. 이렇게 질문할 수 있어. 교회의 의사 결정은 세상 민주주의 제도보다 발전되어 있을까? 그것에 답할 수 없다면 '세상은 악하고, 교회는 선하다!'라고 말할 수 없지. 나는 성경은 '제국을 살아가는 이들을 부르신 하나님 나라 백성의 이야기'라고 믿어. 상향성만 의미 있는 세상, 힘을 가지고 높은 곳을 차지해야만 자기 증명이 되는 제국을 살아가는 이들에게 '다른 믿음'이 시작되는 게 신앙생활이야.

히브리 민족은 '건너온 천한 민족' 혹은 '이주해 온 노예'라는 뜻이야. 그들은 이집트라는 거대한 제국에서 종살이를 했지. 가

보지 않았지만 지금도 이집트 고대 문명을 보면 압도된다고 해. 그 당시를 살던 히브리 민족은 얼마나 모든 면에서 억눌린 채 살았겠어? 그런데 그들에게 하나님이 찾아오시고 그들을 그 제국에서 벗어나게 하셨어. 광야를 걸어가며 이끌어 내신 하나님이 자신에 대해서 소개를 하셔야 했는데 그 소개가 바로 이 말씀이야.

> 여호와는 네게 복을 주시고 너를 지키시기를 원하며 여호와는 그의 얼굴을 네게 비추사 은혜 베푸시기를 원하며 여호와는 그 얼굴을 네게로 향하여 드사 평강 주시기를 원하노라(민 6:24-26).

복을 차지한 자의 힘에 굴복하는 것이 자기를 지키는 유일한 방법이었던 사람들, 복을 얻어 낸 자에게 밝은 얼굴로 대해야만 먹고 살 수 있던 사람들, 권력을 차지한 자가 거대한 피라미드 구조를 만들고 그 위로 올라올수록 귀하고 값지다고 말해 주던 세상에 살던 사람들에게 하나님은 완전히 정반대의 이야기를 하신 거지.

하나님은 너에게 복을 주시고, 너를 지키시고, 밝은 얼굴로 너를 보시고, 은혜를 베푸시고, 너를 너무나도 소중하고 곱게 바라보시고, 평화를 주시기 원하는 분이야. 어떤 자격이나 어떤 기준점을 통과하거나 무엇을 차지한 사람만이 아니고 모두에게 이 은혜와 자비를 베푸시는 분이지.

앗수르 제국에게 북이스라엘이 멸망당하고 남유다는 바벨론에게 위협당하고 있을 때 그 '제국의 힘' 한복판에서 그때의 스바냐를 통해서 하나님은 이렇게 말씀하셔.

> 그날에 사람이 예루살렘에 이르기를 두려워하지 말라 시온아 네 손을 늘어뜨리지 말라 너의 하나님 여호와가 너의 가운데에 계시니 그는 구원을 베푸실 전능자이시라 그가 너로 말미암아 기쁨을 이기지 못하시며 너를 잠잠히 사랑하시며 너로 말미암아 즐거이 부르며 기뻐하시리라 하리라(습 3:16, 17).

이스라엘을 중심에 두고 온 세상이 힘을 겨루고 있을 때, 두려워 떨고 있는 이스라엘에게 하나님은 '나는 여전히 너희 가운데 있으며 구원을 베푸는 하나님이다. 너희를 향한 기쁨을 이기지 못하며, 잠잠히 사랑하며, 너희를 즐거이 부르며, 기뻐하며, 너희에게 다가가는 하나님'이라는 것을 말씀하시지.

로마 제국 한복판에 오셨던 예수님도 제국의 복이 아닌 하나님 나라의 복을 말씀하시지.

> 심령이 가난한 자는 복이 있나니 천국이 그들의 것임이요 애통하는 자는 복이 있나니 그들이 위로를 받을 것임이요 온유한 자는 복이 있나니 그들이 땅을 기업으로 받을 것임이요 의에 주리고 목

마른 자는 복이 있나니 그들이 배부를 것임이요 긍휼히 여기는 자는 복이 있나니 그들이 긍휼히 여김을 받을 것임이요 마음이 청결한 자는 복이 있나니 그들이 하나님을 볼 것임이요 화평하게 하는 자는 복이 있나니 그들이 하나님의 아들이라 일컬음을 받을 것임이요 의를 위하여 박해를 받은 자는 복이 있나니 천국이 그들의 것임이라 나로 말미암아 너희를 욕하고 박해하고 거짓으로 너희를 거슬러 모든 악한 말을 할 때에는 너희에게 복이 있나니 기뻐하고 즐거워하라 하늘에서 너희의 상이 큼이라 너희 전에 있던 선지자들도 이같이 박해하였느니라(마 5:3-12).

세상에서 이 복이 발견되면 세상은 선한 곳이고, 교회에서 이 복을 찾아볼 수 없다면 교회는 악한 곳이야. 마음의 가난함, 애통함, 의에 주리고 목마름, 긍휼히 여기는 마음, 마음의 청결함, 견고하고 단단한 온유함과 화평함이 힘을 얻는 것보다 중요한가? 이것에 따라 달라질 수 있는 답 같아.

형, 나는 흙수저 중의 **흙수저**라서
살아가는 게 벅차고 힘든데
어디까지 돌보고, **어디까지 선한 일을 해야 하지?**
또 내가 도움을 준 사람이 어떤 때는 나보다 잘사는 것 같은데,
그럴 때는 속상하기도 하고
이렇게 **속 좁은 나 자신** 때문에 괴롭기도 해.
내가 가장 아프고 슬픈데 말이야.

22

내가 가장 아프고 슬픈데, 누가 누굴 위로해?

우리나라는 자유 경쟁과 자본주의로 살아가는 곳이야. 여기에는 반드시 탈락자가 생기게 되고, 이곳에서 살아가는 모든 사람은 인생에서 반드시 큰 실패감을 경험할 수밖에 없지. 경쟁에서 계속 이길 수 있는 개인은 없으니까.

요즘 대학생들을 만나면 "불안해야 하는데 아무렇지 않은 자신이 불안하다"고 말하기도 해. 직업을 가진 청년들을 만나면 "뭔가를 하고 있지만 뭔가를 하고 있지 않아서 불안하다"고 하고. 중년의 나이에 치열하게 경쟁하는 사람을 만나면 "돌봐야 하는 사람은 여전히 많은데 이제 내가 경쟁력을 가진 곳에서 밀려날 시간은 얼마 남지 않아서 불안하다"고 해. 은퇴하고 삶의 남은 날을 정리해야 하는 노인들을 만나면 "하루하루 늙어 가는 몸과 이곳 저곳에서 느끼는 소외와 단절로 인해 불안하다"고 말해.

우리나라처럼 서울을 중심으로 한 수도권에 사는 것, 메가시티의 삶이 대부분인 나라에서는 이 경쟁으로 인한 싸움과 자본의 힘이 더 절실하게 느껴지지. 도시에서 살아가는 사람들이 날마다 경험하는 게 있어. 첫 번째는 불평등이야. 도시에서 필요한 것은 화려함과 권세지. 도시는 주위의 모든 것을 흡수해. 자본, 사람, 기술, 지식 모든 것이 도시로 몰려들어. 그 속에서 이익을 내야 하고, 보상이 작동해야 해. 도시가 유지되고 도시가 확장되고 도시가 작동되는 일에는 차등 보상이 생기게 되고, 불평등이 그 도시를 유지하는 에너지가 돼.

두 번째는 불안함이야. 대대손손 도시에서 살았던 사람보다는 고향을 떠나 도시에 정착한 사람이 많지. 나를 충분하게 보호해 줄 관계가 많지 않아. 옆집에 누가 사는지도 모르고, 누군가가 나를 쫓아 올 때 그 사람은 내가 이름도 사는 곳도 모르는 사람이지. 우리나라는 사는 곳에 따라, 출신 학교에 따라, 직장에 따라, 심지어 입고 다니는 옷에 따라 비교하고 그것으로 서열을 정하기 때문에 그 속에서 오는 불안함도 도시를 살아가는 우리에게 늘 있어.

세 번째는 불신앙이야. 모든 도시에는 랜드 마크인 건물이 있고, 그 건물은 그 도시가 무엇을 추구하는지를 보여 주지. 화려함과 사치스러움, 마음껏 소비할 수 있는 능력을 갖춘 사람이 그 도시의 주인공인 것처럼 곳곳에 표현되어 있어. 남이 쉽게 먹지 못하는 음식과 남이 쉽게 들 수 없는 가방과 남이 쉽게 탈 수 없는 차를 타는 것이 신앙이 되고, 그런 성공을 거둔 사람에게는 '신화'가 붙어서 SNS로 전달되지.

알랭 드 보통이 「불안」(은행나무 역간)이라는 책에서 인간이 느끼는 불안의 이유를 "지위로 인한 불안"이라고 표현해. 인간에게 있는 지배욕은 언제나 서열과 순서를 정하는데, 내가 속한 지위 혹은 내가 얻고자 하는 지위에 대해 사람들은 늘 생각하고 있어.

우리가 생존을 위한 삶을 살고 있다고 하지만, 진짜 죽고 사는 것에 따른 문제는 아니야. 그런데 내가 누리고 싶던 지위에 다 왔고, 조금만 더 하면 되는 지점에 도달하게 되었는데, 탈락하게 되거나 뒤처지게 되면, 이것이 '죽고 사는 문제'가 되는 거야. 실제로 사람은 지위에서 탈락하게 되었을 때, 죽음과 같은 시간을 경험한다고 해. 그러니 이 도시의 삶이 버겁고 힘들 수밖에 없는 거지.

그동안 내가 들었던, 한국 교회를 향한 말 중 가장 가슴 아팠던 말이 "교회는 중산층의 놀이터"라는 표현이야. 누가 처음 사용했는지는 모르지만, 이 말을 부정할 수도 없었고 뭔가를 들킨 듯한 마음이었어. 왜 이런 표현이 나오기 시작했을까? 사도 바울은 서신서에서 '자랑'을 거듭난 사람의 특징으로 말한다고 했잖아. 그 관점으로 교회를 보면 우리는 무엇을 자랑하고 있는가? 교회에 속한 성도는 무엇을 자랑하고 있는가? 이런 생각을 해 볼 필요가 있어. 모두 이 도시의 속성인 성공, 높은 계층, 소비 능력, 보상으로 이루어진 삶을 자랑하는 것은 아닐까?

또한 교회의 다양한 헌금은 실제로 가난한 사람을 위축되게 만들어. 소그룹 모임에서도 헌금을 하고, 절기, 선교, 구제, 특별, 건축, 게다가 늘 강조되는 십일조도 가처분소득이 없는 삶에서는 너무 버거운 일이 되는 거야. 그러니 교회에는 어려운 사람, 실패한 사람, 탈락한 사람, 낼 것이 없는 사람은 사라지고 이 도시의 삶을 즐겁게 누릴 수 있는 사람들만 남게 되는 일이 일어나는 거지. 이런 문화가 자리 잡은 교회에서 하는 이야기가 측정할 수 없는 큰 이야기이거나, 내 삶과 무관한 이야기이거나, 내 삶을 극단적으로 몰아가야 하는 이야기라면 나에게는 허망한 이야기가 되는 거야. 부담만 되는 이야기가 되는 거지.

내가 가장 힘든데 내가 누굴 돌보느냐? 이런 질문이 당연히 나올 수밖에 없어. 나는 한국 교회 성도가 너무 극단적이고 과격한 종교 언어에 오염되어 있다고 생각해. 왜 도움과 선행과 친절이 어려운 말이 되었을까? '바나바가 자기 재산을 모두 팔아서 교회에 드렸는데 나는 그렇게 하지 못하고 있어. 나는 거짓된 신앙일까?' '근데 진짜 나는 순교는 못 할 것 같아!' 이런 걸 생각하는 거야. 도움과 선행과 친절도 극단적이고 100퍼센트 아니면 0퍼센트 둘 중 하나를 선택하려고 하는 거야. 말씀도 제대로 안 읽으면서 순교를 먼저 생각하는 '종교 언어 인플레이션'에 시달리는 거지.

하나님이 자격 없는 자에게 은혜를 베푸셨다는 의미가 뭘까? 죄 된 육신을 이끌고, 악한 세상을 살아가며, 무거운 짐을 짊어지고 살아가는 인생을 하나님이 긍휼하게 보신다는 거야. 우리 삶에 가끔 기가 막히게 좋은 시간이 찾아오기도 하지만 삶의 기본 값은 불안이고 고통이야.

도시 삶의 특징은 '허영'이라고 생각해. 나 자신이 더 높은 지위에 오른 것처럼 포장하고 꾸미려는 거지. '허영'의 사전 뜻은 이거야. "자기 분수에 넘치고 실속이 없이 겉모습뿐인 영화(榮華). 또는 필요 이상의 겉치레." 나는 교회 다니는 사람들이 '신앙 허영'이 너무 심하다고 생각해. 네가 지금 그런 거야. 네가 얼마나 선할 수 있고, 친절할 수 있고, 누굴 돌볼 수 있는데?

이에 딱 맞는 성경 인물이 있어. 바로 마가복음에 등장하는 두 렙돈을 드린 과부야. 예수님이 예루살렘에 올라오셔서 십자가의 길을 준비하고 계셨을 때야. 그때 성전에서 유월절 헌금을 드리는 사람들을 제자들과 구경하셔. 예루살렘의 성전 종교는 '신앙 허영'의 모습을 그대로 보여 줘. 성전 뜰에는 헌금함이 열세 개 있었다고 해. 열두 개는 성전 유지와 제사장과 서기관의 몫이었고, 나머지 한 개가 구제에 사용되었다고 해. 이 헌금함은 입구가 좁았고, 목이 길었어. 바닥은 넓고, 꼭 나팔꽃처럼 생겼지. 헌금을 넣으면 어떻게 될까? 동전이 좁은 입구를 타고 긴 통로를 거쳐 바닥에

떨어질 때까지 '다라라라락' 소리가 크게 나는 거지. 이런 걸 이용해서 '헌금 퍼포먼스'를 하는 거야. 종들을 대동하여 요란하게 등장을 한 후 헌금을 하며 긴 시간 동안 '다라라라라락' 소리를 내는 거지. 자신들이 얼마나 높은 지위에 있는지, 자신들의 화려함과 사치스러움이 얼마나 자랑할 만한 것인지를 드러내는 거야. 제사장과 서기관들은 그 헌금을 기다리지. 그 헌금이 자신의 지위를 높여 주고 사치스러움을 보장해 주니까.

그때 한 과부가 등장해. 과부라는 단어는 보호받지 못하는 여성을 의미해. 그 시대의 아버지나 남편에게 보호받지 못하는 여성은 그 사회에서 가장 어려운 계층이었어. 그 여인은 두 렙돈을 헌금해. 작은 동전이었기 때문에 소리도 거의 나지 않았을 거야. 한 데나리온이 하루 품삯인데 렙돈은 128분의 1의 가치니까 지금으로 하면 2,000-3,000원 정도 되는 금액이겠지. 그런데 그날 헌금을 하러 온 사람 중에 예수님을 감동시킨 사람은 이 과부가 유일했어. 예수님은 이 여인이 자신의 전부를 드렸다고 기뻐하셨어. 그러면 신앙 허영에 빠진 사람은 "아 전부가 아니면 의미 없는 것이구나!" 하겠지?

그런데 한 번 더 생각해 봐. 이 여인에게 두 렙돈은 마지막 남은 돈이야. 한 끼니도 안 되는, 당장 허기를 달랠 수 있는 돈. 지금으로 치면 삼각 김밥 하나를 살 수 있는 돈이야. 그런데 이 과부는 이런 생각이 든 거지. '이제 삼각 김밥 하나 먹을 돈밖에는 없네.

이걸 내가 먹으나 안 먹으나 금방 배가 고파지겠지. 그 이후에는 어차피 굶어야 하니까. 유월절인데 내가 먹을 이것을 헌금하면 나보다 배고픈 사람이 뭔가를 먹을 수 있지 않을까?' 이런 마음이 든 거야. 배고픈 사람은 배고픈 사람이 이해하고, 과부는 과부가 이해하니 금방 사라질 배부름을 미루고 허기짐을 택한 거지.

예수님은 이 과부의 헌금을 자기의 전부를 드린 헌금이라고 말씀하셨어. 아주 작은 것이지만 하나님은 전부로 받으셨다는 거야. 하나님 나라의 법칙처럼 자기의 높음을 잘라 내어 낮은 곳을 메우는 일을 이 과부가 행한 거지. 아주 작은 것이라도 '신앙 허영'이 아니라 반복될 허기짐을 담담히 감내하고 선을 행한 거야. 헌금을 하는 사람 중 '가난한 이웃이 걱정되어 헌금을 한 사람'은 그 과부가 유일했던 거지.

하나님은 우리를 우리보다 잘 아셔. 우리 머리카락 수까지 헤아리신다고 하잖아. 우리가 얼마나 힘든지 하나님은 다 아셔. 야! 네 아빠도 네가 힘들 때 아무 말 못 하시고 옆에만 계셨다며? 하물며 하나님은 어떠실까? 힘들고 어렵고 지친 네가 남이 볼 때는 높지도 않은 네 삶의 한 부분을 잘라 내어 낮은 곳을 메우려고 할 때 엄청나게 감격해하실 거야. 너의 삼각 김밥은 무엇인지 물으면서 살아가면 돼. 다만, 준 다음에 생색은 내지 말고!

형, 나는 **간장 종지** 같은 사람인데 교회 안에 있다 보면
내가 **세숫대야** 정도는 되어야 할 것 같아.
가족도 돌봐야 하고, 교회 성도도 돌봐야 하고,
이웃도 돌봐야 하고, 통일도 준비해야 하고,
환경도 지켜야 하고….
요즘에는 젠더 문제 같은 것에도
신경을 써야 할 것 같아.
이런 것들이 난 **너무 부담스러운데**
어떻게 하면 좋을까?

23

세상의 문제들, 내 간장 종지에는 모두 담을 수 없는데……

우리가 사는 이 시간을 '이미와 아직 사이의 시간'이라고 말해. 이미 시작된 하나님 나라를 살아가며 아직 오지 않은 하나님 나라를 기다리는 시간이지. 우리는 이 '사이'의 시간을 살아가며 이 세상과 교회라는 '사이'에 놓여 살아가는 거지. 하나님 나라를 완성하고, 하나님 나라가 이루어지는, 도래하지 않을 것 같은 그때를 위하여 살아가는 사람들이지. 그 사이에서 우리는 변한 줄 알았는데 변한 게 없는 나 자신과 변하지 않을 것 같은 세상을 마주하며 사는 사람이야.

실제로 이런 상황에 놓인 사람이 누가 있을까를 생각하면 두 부류가 생각나. 한 부류는 '독립운동가'야. 이들은 일본 제국이라는 현실을 살아가면서도 완전히 다른 대한민국을 살아가는 사람들이었지. 임시 정부가 세워지며 대한민국은 이미 시작되었지만, 대한민국은 아직 오지 않았지. 영화 <암살>에서 염석진(이정재 배우)이 왜 동지를 팔았느냐는 질문에 이렇게 대답해. "몰랐으니까, 해방될지 몰랐으니까! 알면 그랬겠나?" 변해 가는 자신과 변하지 않을 상황 앞에 변절하고 떠난 사람들이 있었던 거야. 어떤 사람들은 절망 속에서 그 시간을 견뎠던 것이고. 때로는 거대한 운동이 일어나기도 하고, 적극적으로 저항을 하기도 하고 말이야. 모두 깜짝 놀랄 일을 했지만, 대부분의 시간은 다가오지 않을, 이루어지지 않을 시간을 살아가지 않았을까?

또 한 부류는 '환경 운동가'라고 생각해. 그들은 완전히 깨끗해진 지구를 꿈꾸지. 음식물 쓰레기가 없고, 플라스틱이 없고, 탄소 배출량이 획기적으로 줄어든 세상이 도래할 것이라고 믿는 사람들이야. 하지만 그런 세상이 올까? 우리는 죽어라 분리수거를 하지만 미국도 중국도 아직 분리수거를 법제화하지 않았다고 해. 우리가 일회용품을 안 쓴다고 매년 사상 최고치를 경신하는 플라스틱 사용량이 줄어들까? 달걀로 바위 치기 중 이 정도로 힘든 일이 있을까? 때로는 언론의 관심을 받고, 사람들이 중요성을 깨닫는 순간이 오기도 하겠지만 대부분의 시간은 다가오지 않을, 이루어지지 않을 시간을 살아가는 게 아닐까?

나는 우선 우리가 왜 이리 큰 담론에 빠졌는지 다시 한번 생각해야 한다고 봐. 성경에 '선을 행하라!'라는 말씀이 많이 나와. 그런데 이것을 '내 삶의 자리에서 친절을 행하는 것'이라고 생각하는 사람과 성경의 선은 '전도하라'는 것이라고 생각하는 사람 중 어느 사람의 생각이 맞을까?

교회가 사람을 모으기 위해서 지나치게 교회 내부를 위한 말씀으로, 교회 사람을 늘려야 하는 말씀으로 말해 왔기 때문에 왜곡된 가르침이 생겨났어. 자, 말씀을 한번 읽어 보자. 사도 바울이 에베소에서 목회하고 있는 디모데에게 권면하는 내용이야. 특별히 에베소 교회에 있는 부자 성도에게 꼭 이것을 강조하라고 사도 바울이 이야기하는 내용이 있어.

> 그대는 이 세상의 부자들에게 명령하여, 교만해지지도 말고, 덧없는 재물에 소망을 두지도 말고, 오직 우리에게 모든 것을 풍성히 주셔서 즐기게 하시는 하나님께 소망을 두라고 하십시오. 또 선을 행하고, 좋은 일을 많이 하고, 아낌없이 베풀고, 즐겨 나누어 주라고 하십시오. 그렇게 하여, 앞날을 위하여 든든한 기초를 스스로 쌓아서, 참된 생명을 얻으라고 하십시오(딤전 6:17-19, 새번역).

부자일수록 돈에 소망을 두지 말고 하나님에게 소망을 두라고 가르치라고 했어. 그리고 '선을 행하고, 좋은 일을 많이 하고, 아낌없이 베풀고, 즐겨 나누어 주라'고 가르치라고 했어. 이 내용에 선은 그야말로 '친절하게 행동하라'는 거야. 에베소에서 재정을 담당하던 이들에게 이렇게 물어야 해. "재물로 선교 완성과 세계 복음화와 성전 건축을 이루려고 하는 것이 아니라 '친절'이 삶에 나타나는가?"

예수님이 마지막 때에 보신다고 한 것은 "지극히 작은 자 하나에게 한 것"이라고 하셨어. 그런데 우리는 그것에 관심이 없어. 지극히 작은 자에게 하는 것은 티도 안 나고 누가 알아 주지도 않아. 지극히 작은 자 하나는 거대한 담론을 담을 수 없고, 지극히 작은 자 하나는 위대한 서사를 만들 수 없어. 사람을 충동하는 극단적 구호와 지극히 작은 자는 어울리지 않지.

나는 현대 그리스도인, 특히 대형 교회 운동을 지나온 사람들이 '자의식 과잉'에 빠져 있다고 생각해. 타인의 시선으로 연출된 신앙을 갖게 되는 거야. '세계 선교, 민족 복음화, 민족 통일, 다음 세대'와 같이 크고 거대한 담론을 말하지 못하면 뭔가 후진 신앙인 것 같은 시선에 시달리는 거지. 연출된 언어, 연출된 신앙이 되어 버리는 거야. 그런데 정작 나는 가까운 사람들에게 그리스도인으로서 어떻게 해야 하는지는 몰라. 신앙생활은 열심히 하는데 부부가 불화를 벗어나지 못하고, 교회 헌신도는 매우 높은데 자녀와 대화가 안 돼. 해마다 선교를 가지만 옆집에 누가 사는지에는 관심이 없어. 통일을 이야기하지만 나와 정치 이념이 다른 사람과 대화 한마디를 할 수가 없어. 민족 복음화를 외치지만 혐오와 차별의 언어가 교회를 통해 나오기도 하고. 다음 세대를 위해서 기도하기만 하면 눈물을 흘리면서도 이 시대 학벌 제도와 시험 제도와 사교육에 관한 관심은 전혀 없는, 그저 구호뿐인 신앙이 되어 버리는 거야.

내 가족, 교회 성도, 이웃들, 젠더 문제, 통일 문제, 기후 문제를 우리가 어떻게 할 수 있을까? 기본 전제를 '친절'로 하고 나머지는 우리가 속한 곳에서 질문하며 살아가야 하지 않을까? 우리는 삶에서 '친절'을 행하는 것을 너무 가볍게 생각해. 그런데 오늘 하루를 돌아보렴. 내 삶에 기억이 남는 타인을 향한 친절이 있었는지. 내 친절을 받고 누군가가 마음이 따뜻해지고 고마웠던 친절이 있었는지.

작은 것, 작은 자, 작은 일이 우리에게 '작음'으로 끝나지 않는 이유는 우리가 하나님을 믿기 때문이야. 우리가 믿는 하나님 앞에 크고 작음은 우리 인식과 전혀 다른 것이고, 우리가 작은 것이라고 생각했던 것이 어떤 나비 효과가 되어 역사로 나타나게 될지 우리는 알 수 없으니까. 우리가 하나님을 믿기 때문에!

「다정한 것이 살아남는다」(디플롯 역간)라는 책에 보면 개가 인간 곁에 가장 가까운 동물로 남게 된 이유를 말해. 우리는 늑대 상태인 개를 사람이 잘 길들였다고 생각하는데, 그렇지 않다는 거야. 늑대 가운데 사람들에게 다정했던 개체들이 종으로서 생존했다는 거야. 인간이 늑대를 길들인 게 아니라 다정한 늑대가 인간을 선택한 거지.

영장류 중 '보노보'라는 침팬지와 비슷한 종이 있는데 유일하게 같은 종 간에 살생을 하지 않는 동물이야. 이들은 강한 수컷이 공격성을 보이면 암컷이 서로 연대해서 공격당하는 개체를 보호해. 공격성이 장점이 되지 않는, 친화력과 연대력이 있는 이들이 더 오래 살아남는다는 거야.

너는 간장 종지가 맞아. 그런데 오늘 누군가는 간장 종지 만한 위로가 필요해. 간장 종지 만한 친절로 살아날 수 있는 사람이 있어. 우리 삶은 만만치 않아. 사람을 만났을 때 나이를 묻고 순서를 정하고, 사는 집을 물어서 어느 도시, 어느 구, 어느 아파트에 사는 것으로 또 순서를 정하고, 타고 온 차를 보면서 외제 차, 국내 차, 승차감과 하차감으로 순서를 정하는 나라에 우리가 살고 있어. 직업과 회사를 통해서 또 순서를 정하는 나라, 끊임없이 나의 위치를 확인하고 불안해하고 또 한편으로 그것으로 안도하는 나라에 살아가고 있어.

우리나라에서는 신앙생활도 '나의 위치'로 환산하는 경우가 많아. 내가 속한 교회의 크기, 내가 모시는 담임 목사의 유명세, 내가 받았던 훈련, 내가 다녀온 해외 선교 등, 그 속에서 더 나은 위치로 자리 잡기 위한 거대한 담론을 반복하고 있는 것은 아닌지 자신을 돌아봐야 해. 그 대답은 예수님을 믿고 1년, 10년, 20년이 지난 자신은 얼마나 친절한 사람이 되었는가에 있어.

친절이 절대 작은 것이 아님을 알려 주는, 이 시대가 낳은 명드라마가 있어. 바로 <나의 아저씨>라는 드라마야. 고된 인생을 살아가는 사람들이 자신을 친절하게 받아 주는 사람으로 인해 살아가는 이야기야. 이 드라마의 중심 주제를 보여 주는 대사가 바로 이거야.

> 네가 대수롭게 받아들이지 않으면, 남들도 대수롭지 않게 생각해. 네가 심각하게 받아들이면, 남들도 심각하게 생각하고……. 모든 일이 그래. 항상 네가 먼저야. 옛날 일 아무것도 아니야. 네가 아무것도 아니라고 생각하면 아무것도 아니야.
>
> <나의 아저씨 10화 중에서>

> 죽고 싶은 와중에 "죽지 마라, 당신은 괜찮은 사람이다, 파이팅해라" 이렇게 응원해 주는 사람이 있다는 것만으로 숨이 쉬어져. 고맙다. 옆에 있어 줘서.
>
> <나의 아저씨 13화 중에서>

내가 바꿔 줄 수 없는 상황으로 고통받는 사람에게 우리가 무엇을 할 수 있단 말인가? 민족 통일을 위해서 우리가 할 수 있는 게 뭔데? 세계 복음화를 위해서 다른 나라 9박 10일 다녀오면 그게 진짜 되는 일인가? 죽고 싶은 사람 곁에 있어 주는 것, 그것이 우리가 할 수 있는 유일한 일이야. 우리가 할 수 있는 건 그리 많지 않아. 자신의 위치와 상관없이 선을 행하고, 좋은 일을 하고, 나누어 주고 베풀어 주는 삶을 사는 거야. 그러면 전도가 되지 않겠어? 선을 행하는 게 전도라는 건너뛴 명제가 아니라 친절함과 온기를 가지고 살아가는 것, 냉소와 멸시를 버리고 살아가는 것, 결국에는 이루어지고 완성될 때를 바라보며 흔들리지 않는 희망을 안고 살아가는 것, 이렇게 사는 사람은 매력적일 것 같지 않아? 지금 시대에는 더욱!

형, 교회에서 '**교회가 세상의 희망입니다**'라는
말을 흔하게 사용하는 것 같은데,
난 정말 이 말대로 되었으면 좋겠어.
그런데 점점 그 희망이 사라져 가.
진짜 세상의 희망이 되려면,
지금 교회는 어떻게 해야 할까?

24. 교회는 정말 이 세상의 희망일까?

 냉소는 세상에서 가장 슬픈 감정이라고 생각해. 냉소적으로 변해 가는 세상에서 '희망'을 이야기하는 것이 필요하고 그런 의미에서 교회는 언제나 세상의 희망이 될 수 있다고 생각해. 이 시대를 3포, 5포를 넘어서 9포 시대라고 하잖아. 연애, 결혼, 출산, 내 집 마련, 인간관계, 꿈, 희망, 외모, 건강을 포기한 세대라고 하지. 이게 바로 냉소적인 삶이 되어 버린 현실을 보여 줘.

 '냉소주의 시대'의 대표적인 이미지는 '여우와 신포도'야. 이솝 우화에서 배고픈 여우가 포도가 너무 먹고 싶었지만, 높게 매달려 있는 포도를 먹을 수 없자, 그 여우는 생각을 바꾸게 돼. "저 포도는 시어서 어차피 먹어도 분명 맛이 없을 거야." 인지 부조화의 대표적인 예이기도 한데, 냉소가 가득한 세상이 된 이유에는 냉소해 버려야 마음이 편해지기 때문이야. 그리스도인은 언제나 냉소와 가장 반대에 서 있어야 한다고 생각해. 영원하고 흔들리지 않는 하나님 나라를 기다리는 그리스도인은 '희망의 사람'이어야 해.

크리소스토모스 교부는 "우리를 멸망에 빠뜨리는 것은 죄악이 아니라 절망"이라고 했어. 사람이 죄를 짓고 싶어서 죄를 짓는 것보다는 절망할 때 죄에 빠지게 돼. 허기짐이 몸에 나쁜 음식을 먹게 만드는 것처럼 냉소로 가득한 절망은 우리를 거룩함과 멀어지게 하지. 희망을 품은 그리스도인, 희망찬 그리스도인, 희망이 되고자 애쓰는 교회는 언제나 중요한 주제야. 그렇게 되기 위해 무엇이 필요할까?

2023년 2월 22일에 엄청난 책이 한 권 나왔어. 「삶의 목적을 찾는 45가지 방법」(스노우폭스북스)이라는 책이야. 이 책의 저자는 챗GPT야. 네이버 파파고가 번역했고, 이 책에 들어간 모든 일러스트와 사진은 셔터스톡 AI가 만들었어. 지금은 AI가 시대의 화두가 되었고 어설픈 단계가 아니라 실제로 생산력을 돕고 가치를 생산해 내는 도구가 되었어. 그 속도가 너무 빨라서 사람들이 놀라기도 하지만 사람들이 기대했던 바와 전혀 다르게 전개되고 있어서 두려운 마음이 더 큰 것 같아.

알파고가 나왔던 2016년에 한국고용정보원에서 인공 지능 기술이 발달해도 없어지지 않을 직업을 발표했어.

1. 화가와 조각가

2. 사진작가와 사진사

3. 작가 및 관련 전문가

4. 지휘자, 작곡자, 연주가

5. 애니메이터와 만화가

6. 무용가와 안무가

7. 가수와 성악가

8. 메이크업아티스트와 분장사

9. 공예원

10. 예능 강사

그런데 챗GPT가 나오고 나니 없어지지 않을 직업이 없어지게 생겼어. 2016년에 발표한 인공 지능 기술에 의해서 없어질 직업은 이런 거야.

1. 콘크리트공

2. 정육원과 도축원

3. 고무 및 플라스틱 제품 조립원

4. 청원 경찰

5. 조세 행정 사무원

6. 물품 이동 장비 조직원

7. 경리 사무원

8. 환경미화원과 재활용품 수거원

9. 세탁 관련 기계 조작원

10. 택배원

불과 7년 만에 대부분의 예측이 틀렸음을 보여 주고 있어. 인공 지능은 부가 가치가 높은 직업을 빠르게 대체하고 있어. 그래야 인공 지능을 개발한 사람도 더 높은 부가 가치를 얻게 되니까. 이제는 인공 지능과 로봇이 결합된 휴머노이드 로봇 개발이 성큼성큼 다가오고 있어. 마치 예전에 차가 생기면서 마부가 사라지듯 어떤 직업이 어느 정도까지 없어질지 모르는 순간 앞에 있는 거지.

후안 엔리케스가 쓴 「무엇이 옳은가」(사계절 역간)라는 책에 충격적인 내용이 있어. 저자는 생명 공학 분야의 기업가이자, 하버드 생명 과학 포럼의 창립자이기도 한 사람이야. 이 책은 역사와 시대가 지나면서 우리가 가지고 있던 선악의 기준이 어떻게 변해 왔는지에 대한 주제를 다루고 있어. 이 책에는 2070년 한 손녀와 할아버지의 대화를 예로 든 내용이 나와. 손녀가 이렇게 물어. "할아버지, 증조할머니는 할아버지를 임신해서 배 안에 넣고 다녔어요? 와 그건 너무 힘든 일 같은데, 증조할머니 대단해요!'

2016년 5월 4일에 막달레나 제르니카-고에츠 영국 케임브리지대 생리학과 교수팀과 알리 브리반로우 미국 록펠러대 교수팀은 세계 최초로 배아를 체외에서 13일 동안 생존시키는 실험에 성공했어. 이제 이 일은 누구나 접근할 수 있는 기술이 되었어. 조금 무섭지? 그래서 주요 선진국에서는 법으로 14일까지만 허락해 놓았어. 그런데 이미 법적인 구속력이 강하지 않은 나라에서는 이것을 넘겨서 실험이 진행되었다고 해. 더 무섭지?

2021년 11월에 이 규제가 20일로 늘었고, 이제는 20일까지 인공 자궁에서 배아를 배양하는 것이 가능해졌어. 수정된 배아가 이제는 체외에서 자라는 기술을 인간은 확보한 거지. 이미 유전자 가위 기술로 한 정자와 한 난자 안에 있는 유전자 문제를 삭제할 수 있지. 정자와 난자 중에 유전자 검사를 해서 특정한 강점이 있는 것을 고를 수 있게 되었어.

이제 임신의 과정은 이렇게 될 수도 있어. 스무 살 때 국가에서 의무로 냉동 정자와 냉동 난자를 만들어 두게 하지. 그리고 남자와 여자는 피임 수술을 하는 거야. 결혼할 사람을 만나면 그들은 정자와 난자의 유전자 지도를 펼쳐 보면서 선호 유전자를 배열하지. 그 상태에서 유전자 가위 기술로 오리고 붙여서 원하는 정자와 난자를 만들어 내. 그 정자와 난자를 수정하고 배양해서 최신 기술로 만든 인공 자궁에 수정란을 배양하는 시간을 갖지. 10개월 동안 연결된 CCTV와 비디오, 오디오 시스템을 통해서 노래도 불러 주고, 태명을 불러 줘. 아이가 성장하는 과정을 스마트폰을 통해 어디에서나 볼 수 있어. 이제 10개월 후에 인공 자궁에서 아기를 꺼내어 가족 사진을 찍는 거야. 그러면 그날이 아이의 생일이 되는 거야.

인공 장기를 만들어서 병든 장기를 갈아 끼우는 시대가 되고, 뇌의 모든 기억과 사고 방식을 로그화 해서 컴퓨터에 저장하고, 그것을 다시 다른 인격에 이식하는 기술이 발전한다면 인간은 어떻게 될까? 그런 기술은 속속 개발되고 성큼성큼 다가오고 있는데 그때 교회는 무엇을 이야기할 수 있을까? 그때 여전히 교회가 희망의 공동체라면 교회는 무엇을 말해야 하는가? 인공 지능, 로봇, 생명 공학에 대변혁이라는 4차 산업 혁명이 일어나는 이때, 우리는 무엇으로 희망을 말할 수 있을까? 결국에는 인간의 존엄성을 지켜 내는 일은 교회가 해야 하는 일이라고 생각해.

기독교 역사에서 가장 뜨거운 부흥기를 1차, 2차 대각성 운동기라고 불러. 존 웨슬리, 조지 휫필드, 찰스 피니, 조나단 에드워즈, 무디 등 대부흥을 이끌었던 신앙 위인이라고 말하는 사람들 대부분이 이 시기의 사람이지. 그런데 의아한 점이 있어. 이때의 사회 모습을 보면 대각성기, 대부흥기였나 하는 생각이 들어. 그 시대의 흑인 노예가 탔던 배 모습을 보면 더욱 그래. 마치 신발장에 신발을 켜켜이 쌓아 올린 것처럼 흑인 노예들을 그렇게 태워서 아프리카에서 아메리카로, 유럽으로 이동시켰어. 흑인만 이랬는가? 그렇지 않아. 산업 혁명 시대 미국 노동자의 숙소를 보면, 1페니를 주면 난방이 되지 않는 곳에서 앉아서 잘 수 있었고(밤샘 의자), 2페니를 주면 줄에 몸을 걸쳐서 잠을 잘 수 있었다고 해(줄 숙소). 난방이 되지 않았던 것은 같아. 심지어 아침 5-6시쯤 깨울 때 그냥 줄을 끊어 버리기도 했대. 실제로 얼어 죽는 사람들이 나오기도 했어. 구세군에서 노동자를 이렇게 하면 안 된다고 해서 혁신적인 숙소를 만들었는데 그것이 관짝처럼 생긴 숙소야(관틀 숙소). 담요도 주고 양쪽에 바람을 막아 줄 벽이 있으니 얼어 죽지는 않았대.

대부흥은 기독교의 역사를 바꿨다고 말하는 순간이야. 지금 존재하는 전 세계의 주요 교단이 태동하던 때지. 물론 이 문제에 관심을 두는 사람도 있었지만, 우리가 너무나도 자랑스럽게 생각하고 반드시 반복되어야 한다고 하는 부흥기에도 노동 문제와 인간 소외 문제가 거론되지는 못했어. 우리는 기독교가 쓸모 있으려면 과거를 반복해야 한다고 끊임없이 생각하는 것 같아. 대한민국 축구 다음으로 "AGAIN"을 많이 외치는 곳이 교회인 것 같아. 그런데 세상은 너무 빨리 바뀌고 있어. 교회의 희망은 '대부흥의 반복'이 아니야. 인간의 존엄성이 회복되는 거야. 우리는 결국 신앙을 통해서도, 삶을 통해서도 이 한 가지를 물으면서 사는 거야. "나는 소중한가?"

2016년 자료인데. 우리나라 1인당 소주 소비량이 90병이래. 우리나라에서 자살하는 사람 수는 2011년에 15,906명으로 10만 명당 31.7명으로 최고였고, 22년에는 13,352명으로 10만 명당 26명이었어. 이것은 교통사고의 5배, 추락사의 7배, 살인을 당하는 것의 50

배에 해당하는 수야. 40분마다 1명이 자살을 하는 셈이야. 엄청난 수지?

공황 장애를 앓고 있는 사람이 일 년에 50퍼센트씩 증가해. 2021년 공황 장애 진단자만 23만 명에 육박한다고 해. 이 말은 우리 삶이 중독되어야 하거나, 삶을 버릴 각오를 하고 살아야만 견뎌지는 삶이라는 거야. 왜 중독에 빠지고 삶을 포기하게 될까? "나는 소중한가?"라는 질문이 흔들리기 때문이지.

희망은 소중한 것이 깨어지지 않을 때 지속적으로 영향을 끼칠 수 있는 가치야. 곧 '나는 소중한가?'라는 질문에 '긍정할 수 있는' 반응과 대답이 필요한 거야. 교회는 그것을 할 수 있는 곳이어야 해.

예수님이 극대노하시는 죄는 누가복음 17장 2절에 나오는 실족하게 하는 죄야.

> 그가 이 작은 자 중의 하나를 실족하게 할진대 차라리 연자 맷돌이 그 목에 매여 바다에 던져지는 것이 나으리라.

연자 맷돌에 목을 매 바다 깊은 데 버리라고 하셨으니 얼마나 큰 죄야? 그런데 그 죄를 짓지 않기 위한, 교회에 속한 사람들의 자의식이 바로 '무익한 종'이야(눅 17:10). 왜 우리가 무익한 종이어야 하냐면, 그래야 사람을 쓸모로 대하지 않게 돼. 내가 쓸모없는 사람이어야 쓸모없는 사람을 형제로 고백할 수 있어. 쓸데없는 사람을 소중한 사람으로 대할 수 있어.

우리에게 주어진 은혜가 '자격 없는 자에게 베풀어진 은혜'인데, 우리는 이 은혜를 지켜 내야 해. 나에게 자격이 생긴 적이 없음을 기억하는 게 중요해. 그래야 자격 없는 사람을 사랑할 수 있어. 잉여 인간이라고 생각하는 사람을 소중하다고 말할 수 있어.

하나님이 우리가 죄인일 때, 원수일 때, 연약할 때 사랑하셨다고 말씀하셔. 이 말씀을 기억해야 해. 하나님이 우리를 사랑하신 조건은 '죄인, 원수, 연약함'이야. 그래야 우리는 손가락질받는 사람, 정반대의 주장과 신념을 가진 사람, 아프고 병든 사람을 소중하다고 말할 수 있어.

우리 교회는 이 땅을 살아가는 사람들에게 희망일 수 있을까? 자격 없음을 반겨 줄 수 있는 교회, 쓸데없고 쓸모없는 사람이 모여서 누가 누가 무익한 자인지를 겨루는 교회, 십자가를 지신 실패자 예수를 본받아 부활의 희망을 꿈꾸는 사람들이 모인 교회, 비천하고 비열하고 비루한 사람들이 모여 그런 자들을 사랑하셨던 예수 그리스도로 인해 희망을 말할 수 있는 교회, 그런 교회는 어떤 사회에서도 희망이 될 거야.

에필로그

사랑하는 동생에게,

우리에게 신앙이 생겼다는 건 참 놀라운 일이고 축복이라고 생각해. 그리고 나는 신앙에서 가장 놀라운 소식은 성육신(成肉身)이라고 고백해.

가장 높은 이의 가장 낮아진 사건,

가장 영광스러운 이의 가장 초라해진 사건,

창조주 하나님이 아기가 되신 사건,

하나님이 그의 아들을 이 땅에 보내신 가장 결정적인 사건,

높은 산이 낮아져 계곡을 메우는 일이 일어난 하나님 나라의 핵심적인 사건,

그리고 의로우신 예수님이 나와 같은 죄인을 찾아오시고, 그 죄인들을 찾아내신 사건,

그 사건이 나에게 일어났다는 것은 무엇과도 바꿀 수 없는 축복이야.

네가 이 신앙이 축복이라는 사실을 잊지 않으면 좋겠어.

그런데 이 신앙은 우리에게 끊임없는 질문과 도전을 주기도 해.

이 신앙은 이 세상이 놓인 질서와 전혀 다른 방향으로 펼쳐져 있기 때문이야.

높아지기를 바라던 유대인에게 고발되어 높아져야만 하는 로마 제국의 힘과 권력에 의해서 십자가에서 돌아가신 나사렛 예수! 낮아져야만 하는 하나님 나라의 영광을 위해 돌아가신 예수가 다시 살아나신 이 위대한 사건이 우리에게 일어났기 때문이지.

우리도 자기를 증명해 내야 하고, 경쟁력을 입증해야 하고, 지위와 서열을 얻어서 상승해야만 하고, 승자와 패자가 명확한 이 세상에 속해 있기 때문에 전혀 다른 이 방향성은 우리에게 끊임없는 질문을 걸어 온다고 믿어. 그 질문이 때로는 버겁기도 하고, 이 세상을 향해 몸을 던지고 싶은 우리에게 걸림돌이 되기도 하지. 쓰디쓴 질문이 되어 쉽게 삼키기 어려운 말씀이 되기도 하고 말이야.

사도행전에 나오는 성령의 역사는 '경계'를 넘어가는 거야. 예루살렘 종교가 되기를 바라던 사람들에게 성령이 부어지자, 유대와 사마리아와 땅끝까지 복음이 전해지게 되지. 내가 속한 곳이 유대라면, 사마리아는 내가 가기 싫은 곳이고, 땅끝은 내가 가 본 적이 없는 곳이야. 내가 속한 곳에 변화가 일어나는 일도 내 안에 어떤 경계가 허물어져야 가능한 일이고, 내가 가기 싫어하던 곳이나 편견과 오해와 미움의 자리에 가기 위해서도 내 안에 있는 어떤 경계가 허물어져야 하지. 한 번도 가 본 적이 없는 곳은 나의 경계를 허물 때에만 내가 가 볼 수 있는 곳이 돼.

그렇게 시작된 사도행전의 말씀은 모두 성령을 받은 이들이 어떻게 자신의 경계를 허물며 복음을 전하게 되는지를 보여 주는 장면들이야. 빌립이 사마리아 성에 가게 되면서 그곳에 성령이 임하고, 베드로가 룻다와 욥바를 지나며 이방 사람에게 성령이 임하게 되지. 그리고 베드로가 고넬료를 만나러 갈 때에 "하나님이 깨끗하게 하신 것을 네가 속되다고 하지 말라"(행 11:9)라고 경계를 넘어서도록 명령하신 말씀에 순종하자, 마침내 고넬료의 집에 성령이 임하며 "우리가 받은 성령이 이곳에도 임하였다!"라는 고백이 시작되지. 신분과 남녀, 지역과 대륙, 바다와 산맥의 경계를 넘어서 복음이 증거돼. 나는 그 힘이 '경계'를 넘어서는 힘이라고 믿어.

이 책을 마무리하면서 꼭 이 말을 하고 싶어. 우리 경계를 무너뜨리고, 넘어가는 것을 겁내지 말자.

난 이런 이야기
처음 들어

난 이런 이야기 처음 들어
교회가 버거운 이들을 위한 따뜻한 위로

초판 발행	2024년 12월 2일
지은이	이주헌
발행인	손창남
발행처	(주)죠이북스(등록 2022. 12. 27. 제2022-000070호)
주소	02576 서울시 동대문구 왕산로19바길 33, 1층
전화	(02) 925-0451 (대표 전화)
	(02) 929-3655 (영업팀)
팩스	(02) 923-3016
인쇄소	시난기획
판권소유	ⓒ(주)죠이북스
ISBN	979-11-93507-36-0 03230

책값은 뒤표지에 있습니다.
잘못된 도서는 교환하여 드립니다.
이 책 내용을 허락 없이 옮겨 사용할 수 없습니다.